P. Zite

Immanuel Kants Lehre von der Freiheit

P. Zlte

Immanuel Kants Lehre von der Freiheit

ISBN/EAN: 9783744668170

Hergestellt in Europa, USA, Kanada, Australien, Japan

Cover: Foto ©ninafisch / pixelio.de

Weitere Bücher finden Sie auf **www.hansebooks.com**

Immanuel Kant's Lehre von der Freiheit.

Inaugural-Dissertation

der

philosophischen Facultät der Universität Jena

zur

Erlangung der Doctorwürde

vorgelegt von

Peter Salits
aus Livland.

> „Felix, qui potuit rerum cognoscere causas.
> Atque metus omnis et inexorabile fatum
> Subiecit pedibus."
> (Vergil. Georgic. II, 490 ff.)

Jena,
Frommannsche Hof-Buchdruckerei
(Hermann Pohle)
1894.

Einleitung.

»Kant beherrscht die Philosophie des neunzehnten Jahrhunderts, wie Leibniz die des achtzehnten«, sagt treffend Kuno Fischer in seiner Geschichte der Philosophie. Der stattliche Baum des Kritizismus hat denn auch seine starken, kräftigen Wurzeln nicht nur in Deutschland, sondern auch in ausserdeutschen Landen getrieben, und ihm sind bei weitem die schönsten und duftigsten philosophischen Blüthen entsprossen. Ein Fichte, Schelling, Hegel, Fries, Herbart und Schopenhauer wären ohne Kant gar nicht denkbar gewesen. Sie alle verdanken ihre Existenz der Vernunftkritik, die auf die einzelnen allerdings einen Einfluss von theilweise sehr verschiedener Stärke ausgeübt hat; aber bei allen kann man deutlich genug wahrnehmen, dass ihre Geistesfrüchte unter dem Einflusse der weitleuchtenden und belebenden Sonne des Kritizismus gereift sind. Es ist durchaus zutreffend, wenn Otto Liebmann von diesen Männern sagt: »Sie hängen zwar einerseits von der Kantischen Philosophie so sehr ab, dass sie ohne diese nicht nur unverständlich, sondern auch unmöglich wären, andererseits aber haben sie doch die Consequenzen jener gemeinsamen Grundlehre soweit und so verschieden ausgebildet, dass sie als selbstständige Denker anzusehen sind« [1]). Aber nicht nur die Systeme der genannten

---

1) Dr. Otto Liebmann, Kant und die Epigonen. Eine kritische Abhandlung. Stuttgart, Verl. Carl Schober, 1865, pg. 8.

Denker reichen mit ihren Wurzeln in die Vernunftkritik hinein, sondern auch »alle Systeme der Gegenwart wurzeln« mehr oder weniger in Kant[1]). Und wo die erwärmenden und belebenden Sonnenstrahlen der Kantischen Philosophie resp. der Vernunftkritik noch nicht hingedrungen sind, und wo jenes unerbittliche, urkräftige Wort Otto Liebmann's »also muss auf Kant zurückgegangen werden«[2]) noch nicht vernommen worden ist, da träumt man eben noch den Traum des Dogmatismus und philosophirt weiter, als ob die Vernunftkritik gar nicht geschrieben worden wäre. Es ist eben viel leichter, entweder im dogmatischen Schlummer zu liegen und über alle möglichen Hirngespinste der Metaphysik zu träumen oder frecher und kecker Weise alles zu bezweifeln und über die höchsten Wahrheiten zu spotten, als die Vernunftkritik zu studiren und zu begreifen, die freilich kein Roman ist und sich nicht so leicht liest wie etwa Louis Büchner's Kraft und Stoff, das Evangelium der heutigen Materialisten. Es ist ein trauriges Zeichen der Zeit, dass es zur Mode geworden ist, das Erhabene herabzuziehen und mit sichtbarer Freude und Selbstbewunderung über die Vernunftwahrheiten und alles Edle und Schöne sich lustig zu machen. »Auch der heutige Pessimismus«, sagt Kuno Fischer, »ist eine Methode raffinirter Selbstbewunderung und gehört unter die Eitelkeiten einer Mode, die, wie der tägliche Augenschein zeigt, sich darin gefällt, die Natur zu verunstalten durch die Deformitäten der Tracht. Er ist für den Gaumen der Zeit der haut goût. Man fühlt sich selbst um so pikanter, je elender und schlechter man alles Uebrige findet; man hat entdeckt, dass die Welt weit besser schmeckt, wenn man sie mit assa foetida bestrichen«[3]). Eür solche Leute ist freilich die Vernunftkritik nicht geschrieben

---

1) Dr. J. U. Wirth, Die speculativen Ideen Gottes, § 105.
2) Dr. Otto Liebmann, Kant und die Epigonen, pg. 86, 97, 110, 139, 156, 203 und 215.
3) Ueber die menschliche Freiheit. Prorectoratsrede. Zweite Aufl. Heidelberg 1888, pg. 46.

oder gar ein überwundener Standpunkt, und das ganz einfach aus dem Grunde, weil man sie entweder nicht verstanden oder garnicht gelesen hat, was allerdings gar mancher nicht einmal der Mühe für werth hält. Selbst ein Auguste Comte, John Stuart Mill und Herbert Spencer sind von diesem Tadel nicht ganz frei zu sprechen, weshalb sie auch, der eine mehr, der andere weniger, in den Fusstapfen des vorkantischen Dogmatismus stecken geblieben sind; so ist z. B. der ganze Positivismus mehr oder weniger nur eine zweite Auflage des Bacon'schen Empirismus. Es ist eben heutzutage unmöglich, sich mit der Philosophie zu beschäftigen, ohne sich mit Kant, dem Newton der reinen Vernunft, dem Copernicus der Philosophie, gründlich auseinanderzusetzen. Wer das nicht einsieht oder nicht einsehen will, wird die Folgen seines Verhaltens zu fühlen bekommen, denn »alle Schuld rächt sich auf Erden«.

Worin liegt nun die Bedeutung und die enorme Grösse Kant's? Welches ist sein unsterbliches Verdienst, um dessentwillen sein Ruhm »bis an die Sterne reicht«? Dass nicht alles, was uns Kant bietet, pures Gold sein kann, liegt bei dem umfassenden System ohne Weiteres auf der Hand. Welches aber die wichtigsten unter den Kantischen Lehren sind, ist eine Frage, in der die Meinungen sehr auseinandergehen. Da nämlich das Kantische System so umfassend und reichhaltig ist, da Kant, wie Dr. Albert Schwegler ganz richtig sagt, »die einseitigen philosophischen Bestrebungen der Früheren wie ein Knotenpunkt zur Einheit und Totalität zusammenfasst« [1]), so findet bei Kant ein jeder, sowohl der Idealist als Empirist, der Naturforscher wie der orthodoxeste Theolog, sehr leicht etwas, was seinen eigenen Anschauungen entspricht, und eben

---

[1]) Geschichte der Philosophie im Umriss, durchgesehen und ergänzt von J. Stern. Leipzig, Druck und Verlag von Philipp Reclam jun., pg. 297; vergl. hiermit das zu subjectiv gerathene Urtheil G. Teichmüller's über Kant, Die wirkliche und die scheinbare Welt, Breslau 1882, pg. 34.

dies sucht er dann festzuhalten und hebt es als besonders wichtig hervor; daher kann man noch immer mit Schiller sagen:

»Wie doch ein einziger Reicher so viele Bettler in Nahrung Setzt! — Wenn die Könige bau'n, haben die Kärrner zu thun.«

Unserer Ansicht und Ueberzeugung nach liegt das unsterbliche Verdienst Kant's in dem unwiderleglichen Nachweis der Apriorität sowohl der reinen Anschauungsformen des Raumes und der Zeit, als auch der Kategorien und, worauf auch Otto Liebmann ganz richtig hinweist, in der Begründung des Satzes, dass »Subject und Object der Erkenntniss nothwendige Correlate sind, die von einander garnicht getrennt werden können«, dass also »kein Subject ohne Object und kein Object ohne Subject sein kann«[1]). Speziell aber ist die »transcendentale Aesthetik« (die Wissenschaft von allen Principien der Sinnlichkeit a priori), welche, wie wiederum Liebmann in seiner ebengenannten Schrift (pg. 22) treffend bemerkt, »die eigentliche Basis und das wahrhaft Neue und Epochemachende der Kantischen Philosophie enthält«, diejenige Lehre Kant's, bei der man am wenigsten irgend etwas aussetzen und einwenden kann. An ihr lässt sich kaum etwas ändern. Sie ist »baumfest« und »zu fein« selbst für die subtilste Grübelei. Kant hat zur Evidenz gezeigt und unwiderleglich bewiesen, dass Raum und Zeit nicht, wie später Herbart, dieser sublime, kritische Kopf, wissen wollte, aus der Erfahrung abstrahirt, sondern nothwendige reine Anschauungsformen a priori sind, durch welche die Erfahrung überhaupt erst möglich ist, und zwar sind beide von empirischer Realität und transcendentaler Idealität. »Zeit und Raum sind«, wie Kant sagt, »zwei Erkenntnissquellen, aus denen a priori verschiedene synthetische Erkenntnisse geschöpft werden können, wie vornehmlich die reine Mathematik in Ansehung der Er-

---

1) Kant und die Epigonen. Eine kritische Abhandlung. Stuttgart 1865, pg. 137; vergl. hiermit ibid. pg. 83 und 24.

kenntnisse vom Raume und dessen Verhältnissen ein
glänzendes Beispiel giebt. Sie sind nämlich beide zusammengenommen reine Formen aller sinnlichen Anschauung und machen dadurch synthetische Sätze a priori
möglich. Aber diese Erkenntnissquellen a priori bestimmen sich eben dadurch (dass sie bloss Bedingungen
der Sinnlichkeit sind) ihre Grenzen, nämlich, dass sie
bloss auf Gegenstände gehen, sofern sie als Erscheinungen betrachtet werden, nicht aber Dinge an sich selbst
darstellen. Jene allein sind das Feld ihrer Gültigkeit,
woraus, wenn man hinausgeht, weiter kein objectiver
Gebrauch derselben stattfindet« [1]). — »Wie sind synthetische Urtheile a priori möglich?« dies ist die eigentliche Hauptfrage in der Kritik der reinen Vernunft, die
sich wiederum in mehrere Unterfragen spaltet, nämlich :
wie ist reine Mathematik, wie reine Naturwissenschaft
und wie Metaphysik möglich? Die Möglichkeit synthetischer Urtheile a priori überhaupt ist, wie Kant zeigt,
bedingt durch die reinen subjectiven Anschauungsformen des Raumes und der Zeit und die reinen Verstandesbegriffe oder Kategorien. Die erste Frage, wie
ist reine Mathematik möglich, beantwortet Kant in der
transcendentalen Aesthetik, indem er zeigt, dass die
reine Mathematik nur dadurch möglich ist, dass Raum
und Zeit nothwendige reine Anschauungen a priori sind,
auf deren Apriorität eben die Möglichkeit der reinen
Mathematik beruht, und zwar auf der des Raumes die
der Geometrie und auf der der Zeit die der Arithmetik.
Die zweite Frage, wie ist reine Naturwissenschaft möglich, wird in der transcendentalen Analytik beantwortet,
indem gezeigt wird, dass ihre Möglichkeit auf der Apriorität der reinen Verstandesbegriffe oder Kategorien und
der entsprechenden Grundsätze beruht. Die dritte Frage,

---

1) Immanuel Kant's sämmtliche Werke. In chronologischer
Reihenfolge herausgegeben von G. Hartenstein. Dritter Band.
Leipzig 1867, Verlag Leopold Voss. Kritik der reinen Vernunft,
pg. 70. Ich citire Kant immer nach dieser achtbändigen, chronologisch geordneten Hartenstein'schen Gesammtausgabe der Werke
Kant's von 1867—1868.

welche die Metaphysik betrifft, und durch deren Beantwortung die Hirngespinste der Metaphysik für immer vernichtet sind, wird in der transcendentalen Dialectik und Methodenlehre erledigt. Indem nun Kant alle diese Fragen im Wesentlichen glücklich löst, muss er selbstverständlich zu allen vorkritischen Philosophen Stellung nehmen und in irgend welche Beziehung zu ihnen treten. Seine Stellung ist die des unparteiischen Richters, der alle anhört und einem jeden das ihm zukommende Recht zuspricht. Er erhebt sich über alle Parteien, sowohl über die Empiristen als Rationalisten. »Der Empirismus fordert und sucht die Erkenntniss der Dinge nach der alleinigen Richtschnur der Erfahrung«, sagt Kuno Fischer, »der Rationalismus will dieselbe Aufgabe aus Principien oder letzten Gründen lösen und macht daher die Metaphysik (Principienlehre) zum Fundament seiner Lehrgebäude. Der Widerstreit beider Erkenntnissrichtungen trägt demnach den Gegensatz zwischen Metaphysik und Erfahrung in sich«... »erst vor dem Forum der Vernunftkritik liess sich der Stand der Parteien gründlich untersuchen und ihr Streit austragen« [1]). — Der Dogmatismus mit Christian Wolff an der Spitze sprach der menschlichen Vernunft die Fähigkeit zu, noch jenseits der sinnlichen Erfahrung gelegene Objecte zu erkennen; der im Skepticismus verlaufene Empirismus resp. der Skepticismus mit David Hume an der Spitze sprach dagegen selbst der Erfahrung Allgemeingültigkeit ab. Dass beide Richtungen zu einseitig und verfehlt waren, ist nicht zu bezweifeln. Kant schlichtete den Streit ganz einfach, indem er zeigte, dass, wenn auch gleich alle unsere Erkenntniss mit der Erfahrung anhebe, sie darum doch nicht eben alle aus der Erfahrung entspringe [2]), denn es gebe gewisse reine subjective Anschauungsformen (Raum und Zeit) und Verstandesbegriffe oder Kategorien, die vielmehr erst alle

---

1) Geschichte der neueren Philosophie, 3. Aufl., München 1882, Bd. III, pg. 15.
2) Kritik der reinen Vernunft, Bd. III, pg. 33.

Erfahrung ermöglichten. Diese Vorstellungen a priori beziehen sich aber, wie Kant ausdrücklich betont, nur auf räumliche und zeitliche Gegenstände, auf Objecte wirklicher oder möglicher Erfahrung, »auf Gegenstände, sofern sie als Erscheinungen betrachtet werden, nicht aber Dinge an sich selbst darstellen«. Damit setzte Kant einerseits dem menschlichen Verstande eine gewisse nicht zu überschreitende Grenze, andererseits aber sicherte er demselben innerhalb dieser Grenze den Anspruch auf allgemeingültige Erkenntnisse. Es würde gar eine »Ungereimtheit sein«, sagt Kant, »wenn wir von irgend einem Gegenstande mehr zu erkennen hofften, als zur möglichen Erfahrung desselben gehört, oder auch von irgend einem Dinge, wovon wir annehmen, es sei nicht ein Gegenstand möglicher Erfahrung, nur auf das mindeste Erkenntniss Anspruch machten, es nach seiner Beschaffenheit, wie es an sich selbst ist, zu bestimmen; denn wodurch wollen wir diese Bestimmung verrichten, da Zeit, Raum und alle Verstandesbegriffe, vielmehr aber noch die durch empirische Anschauung oder Wahrnehmung in der Sinnenwelt gezogenen Begriffe keinen andern Gebrauch haben, noch haben können, als bloss Erfahrung möglich zu machen, und lassen wir selbst von den reinen Verstandesbegriffen diese Bedingung weg, sie alsdann ganz und gar kein Object bestimmen und überall keine Bedeutung haben« [1]). »Wir können über alle mögliche Erfahrung hinaus von dem, was Dinge an sich selbst sein mögen, keinen bestimmten Begriff geben« [2]). Nur räumliche und zeitliche Objecte können erkannt werden, nicht Noumena oder Dinge an sich.

»Dass Raum und Zeit«, sagt Kant, »nur Formen der sinnlichen Anschauung, also nur Bedingungen der Existenz der Dinge als Erscheinungen sind, dass wir ferner keine Verstandesbegriffe, mithin auch gar keine

---

1) Prolegomena zu einer jeden künftigen Metaphysik, die als Wissenschaft wird auftreten können. Bd. IV, pg. 98.
2) Ibid. pg. 99.

Elemente zur Erkenntniss der Dinge haben, als sofern diesen Begriffen correspondirende Anschauung gegeben werden kann, folglich wir von keinem Gegenstande als Ding an sich selbst, sondern nur sofern es Object der sinnlichen Anschauung ist, d. i. als Erscheinung, Erkenntniss haben können, wird im analytischen Theile der Kritik bewiesen; woraus denn freilich die Einschränkung aller nur möglichen speculativen Erkenntniss der Vernunft auf blosse Gegenstände der Erfahrung folgt« [1]). Die reinen Verstandesbegriffe oder Kategorien sind also nur von immanentem, nicht von transcendentem Gebrauch. »Alle unsere Erkenntniss hebt von den Sinnen an, geht von da zum Verstande und endigt bei der Vernunft« [2]), dem »Vermögen der Principien« oder dem »Vermögen der Einheit der Verstandesregeln unter Principien« im Unterschiede vom Verstande als dem »Vermögen der Einheit der Erscheinungen vermittelst der Regeln«.

»Sowie also der Verstand der Kategorien bedurfte, so enthält die Vernunft in sich den Grund zu Ideen«, — nothwendigen Begriffen — »deren Gegenstand« aber »in keiner Erfahrung gegeben werden kann« [3]). Jede Idee drückt demnach etwas Unbedingtes aus. Wie die reinen Verstandesbegriffe oder Kategorien constitutive, so sind die Ideen bloss regulative Principien und beziehen sich nicht unmittelbar auf Gegenstände, sondern nur auf den Verstand und dessen Urtheile. Erhebt nun die Vernunft die Ideen zu Gegenständen der Erkenntniss, was freilich nicht geschehen dürfte, so wird sie transcendent, und indem sie die Kategorien, die doch nur von immanentem Gebrauche sind und bloss auf Gegenstände wirklicher oder möglicher Erfahrung bezogen werden dürfen, auch auf die Erkenntniss der Idee der Seele, als einer immer beharrenden Substanz, der der Welt, als Inbegriffes aller Erscheinungen, und der Idee Gottes, als des »allerrealsten Wesens«, anwendet,

1) Kritik der reinen Vernunft, Bd. III, pg. 22.
2) Ibid. pg. 247.
3) Prolegomena etc., Bd. IV, pg. 76.

geräth sie in Fehlschlüsse und verwickelt sich in unvermeidlichen Schein und in Sophisticationen. Die Idee der Kosmologie ergiebt, betrachtet unter den vier Classen von Kategorien, wiederum eine Vielheit von Weltideen: »Sie fordern«, um mit Erdmann zu reden, »nie bei dem Unvollendeten stehen zu bleiben, sondern Vollendung und Vollständigkeit zu suchen. Versteht man nun diese Forderungen als Behauptungen, so entstehen Sätze, die, weil ihnen eine Vernunftidee zu Grunde liegt, sich uns als wahr empfehlen, ja bewiesen werden können, nur dass die ihnen entgegengesetzten ganz dieselbe Beweiskraft haben« [1]). Das ist die berühmte Lehre von den vier Antinomien der reinen Vernunft, welche bekanntlich Hegel für die bedeutendste Leistung Kant's gehalten hat. An die dritte dieser Antinomien nun hat Kant seine Lehre von der Freiheit angeschlossen, zu deren Betrachtung wir jetzt übergehen wollen.

---

1) Dr. Johannes Eduard Erdmann, Grundriss der Geschichte der Philosophie. Zweiter und letzter Band. Berlin 1866, pg. 343.

Abhandlung.

Kant erörtert das Problem der Freiheit hauptsächlich an folgenden Stellen: Kritik der reinen Vernunft, Bd. III. Vorrede zur zweiten Auflage d. Kr. d. r. V., pg. 23—24, Antinomie der reinen Vernunft, dritter Widerstreit der transcendentalen Ideen, pg. 316—323, Auflösung der kosmologischen Ideen, pg. 370—385; Prolegomena etc., § 53, pg. 90—95; Grundlegung zur Metaphysik der Sitten, dritter Abschnitt, pg. 284—311; Kritik der praktischen Vernunft, namentlich Kritische Beleuchtung der Analytik der reinen praktischen Vernunft, Bd. V, pg. 93—111; Religion innerhalb der Grenzen der reinen Vernunft. Erster Abschnitt. Ueber das radicale Böse in der menschlichen Natur.

Wir richten unsere Aufmerksamkeit zunächst auf die Ausführungen in der Kritik d. r. V.; die bereits erwähnte dritte Antinomie lautet folgendermassen:

Thesis:

»Die Causalität nach Gesetzen der Natur ist nicht die einzige, aus welcher die Erscheinungen der Welt insgesammt abgeleitet werden können. Es ist noch eine Causalität durch Freiheit zur Erklärung derselben anzunehmen nothwendig.«

Antithesis:

»Es ist keine Freiheit, sondern alles in der Welt geschieht lediglich nach Gesetzen der Natur.«

Diese beiden Sätze, sowohl Thesis als auch Antithesis, lassen sich nach Kant mit gleich triftigen

Gründen, mit gleicher Stringenz und Evidenz und zwar auf indirectem Wege beweisen. Das Merkwürdige dabei ist noch, dass beiden, der Thesis wie Antithesis, als Grundlage das Causalitätsgesetz dient, wie Otto Kohl ganz richtig bemerkt [1]).

Die Thesis will vor allem zeigen, dass das ausnahmslose Causalitätsgesetz in seiner unbeschränkten Allgemeinheit sich selbst widerspricht, um dann hieraus die erwünschte transcendentale Freiheit, d. h. das Vermögen, eine Reihe von successiven Dingen oder Zuständen von selbst anzufangen, zu folgern. Ihr Beweis ist ungefähr folgender:

Wenn alles nach blossen Gesetzen der Natur geschieht, d. h. wenn eine jede Wirkung oder Begebenheit immer wieder eine Ursache voraussetzt, so giebt es jederzeit nur einen subalternen, niemals aber einen ersten Anfang und also überhaupt keine Vollständigkeit der Reihe auf der Seite der von einander abstammenden Ursachen. Nun besteht aber eben darin das Gesetz der Natur, dass ohne hinreichend a priori bestimmte Ursache nichts geschehe. Also widerspricht das Causalitätsgesetz sich selbst in seiner unbeschränkten Allgemeinheit, und es muss demnach eine absolute Spontaneität der Ursachen, eine Reihe von Erscheinungen, die nach Naturgesetzen läuft, von selbst anzufangen, mithin transcendentale Freiheit, ohne welche selbst im Laufe der Natur die Reihenfolge der Erscheinungen auf der Seite der Ursachen niemals vollständig ist, angenommen werden. —

Im Gegensatz hierzu tritt die Antithesis für die ausnahmslose Gültigkeit des Causalgesetzes ein, weil im entgegengesetzten Falle keine Erfahrung und überhaupt keine Erkenntniss mehr möglich sei, und sucht dies etwa wie folgt zu beweisen: Angenommen, es gebe eine Freiheit im transcendentalen Verstande, d. h. ein Vermögen, einen Zustand, mithin auch eine Reihe von

---

1) I. Kant's Ansicht von der Freiheit des menschlichen Willens. Inaug.-Diss. Leipzig 1868, pg. 8.

Folgen desselben schlechthin anzufangen, so wird nicht allein eine Reihe durch diese Spontaneität, sondern die Bestimmung dieser Spontaneität selbst zur Hervorbringung der Reihe, d. i. die Causalität wird schlechthin anfangen, so dass nichts vorhergeht, wodurch diese geschehende Handlung nach beständigen Gesetzen bestimmt sei. Es setzt aber ein jeder Anfang zu handeln einen Zustand der noch nicht handelnden Ursache voraus, und ein dynamisch erster Anfang der Handlung einen Zustand, der mit dem vorhergehenden ebenderselben Ursache gar keinen Zusammenhang der Causalität hat, d. i. auf keine Weise daraus erfolgt. Also ist die transcendentale Freiheit dem Causalgesetze entgegen und eine solche Verbindung der successiven Zustände wirkender Ursachen, nach welcher keine Einheit der Erfahrung möglich ist, die also auch in keiner Erfahrung angetroffen wird, mithin ein leeres Gedankending. Es giebt daher überall nur Natur und strenge Gesetzmässigkeit. Die Freiheit (Unabhängigkeit) von den Gesetzen der Natur ist zwar eine Befreiung vom Zwange, aber auch vom Leitfaden aller Regeln. Natur und transcendentale Freiheit unterscheiden sich wie Gesetzmässigkeit und Gesetzlosigkeit. Die Naturnothwendigkeit belästigt zwar den Verstand mit der Schwierigkeit, die Abstammung der Begebenheiten in der Reihe der Ursachen immer höher hinauf zu suchen, weil die Causalität an ihnen jederzeit bedingt ist, aber zur Schadloshaltung verspricht sie durchgängige und gesetzmässige Einheit der Erfahrung; das Blendwerk von Freiheit hingegen verheisst zwar dem forschenden Verstande in der Kette der Ursachen Ruhe, indem es ihn zu einer unbedingten Causalität führt, die von selbst zu handeln anhebt, die aber, da sie selbst blind ist, den Leitfaden der Regeln abreisst, an welchem allein eine durchgängig zusammenhängende Erfahrung möglich ist.

Hiermit ist der Streit aber noch nicht zu Ende. Wie es sich schon erwarten liess, geht die Thesis noch weiter und behauptet, dass, wenn schon einmal das Vermögen, eine Reihe in der Zeit ganz von selbst anzufangen, bewiesen (obzwar nicht eingesehen) sei, es uns nunmehr auch erlaubt sein müsse, mitten im Laufe der Welt verschiedene Reihen, der Causalität nach, von selbst anfangen zu lassen und den Substanzen derselben ein Vermögen beizulegen, aus Freiheit zu handeln.

Die Antithesis hingegen will die Unstatthaftigkeit dieses Schlusses folgendermassen darthun: Angenommen auch, es gebe ein transcendentales Vermögen der Freiheit, um die Weltveränderungen anzufangen, so würde dieses Vermögen doch wenigstens nur ausserhalb der Welt sein müssen (wiewohl es immer eine kühne Anmassung bleibt, ausserhalb dem Inbegriffe aller möglichen Anschauungen noch einen Gegenstand anzunehmen, der in keiner möglichen Wahrnehmung gegeben werden kann). Allein in der Welt selbst den Substanzen ein solches Vermögen beizumessen, kann nimmermehr erlaubt sein, weil alsdann der Zusammenhang nach allgemeinen Gesetzen sich einander nothwendig bestimmender Erscheinungen, den man Natur nennt, und mit ihm das Merkmal empirischer Wahrheit, welches Erfahrung vom Traum unterscheidet, grösstentheils verschwinden würde. Denn es lässt sich neben einem solchen gesetzlosen Vermögen der Freiheit kaum mehr Natur denken, weil die Gesetze der letzteren durch die Einflüsse der ersteren unaufhörlich abgeändert und das Spiel der Erscheinungen, welches nach der blossen Natur regelmässig und gleichförmig sein würde, dadurch verwirrt und unzusammenhängend gemacht wird.

Da haben wir nun die Beweise für die Thesis wie Antithesis, die, wie Kant behauptet, beide gleich correct und evident sein sollen, was jedoch sehr fraglich erscheint. Um nur ein Bedenken hier anzuführen, so ist es der Antithesis durchaus nicht mehr erlaubt, zu behaupten, dass die Causalität Wirkungen aus Freiheit ausschliesst, falls die Thesis mit ihrer Behauptung Recht hat, dass das Causalitätsgesetz »sich selbst in seiner

Allgemeinheit« widerspricht. Nur eine Behauptung kann wahr sein, entweder die der Thesis oder die der Antithesis, nicht beide zugleich. Da ich jedoch hier weder auf den Beweis der Thesis, noch auf den der Antithesis näher eingehen kann, so möchte ich in diesem Punkt auf die werthvolle Abhandlung Dr. Franz Erhardt's »Kritik der Kantischen Antinomienlehre« (Leipzig 1888, Fues's Verlag [R. Reisland]) verweisen, deren Einwände ich im Wesentlichen billige. Doch beschwichtigen wir unsere etwaigen Zweifel über die formelle Correctheit des Schlussverfahrens, da doch Kant selbst sich für die Richtigkeit der Beweise verbürgt (Proleg. Bd. IV, p. 87), und sehen lieber zu, wie sich Kant von dem Standpunkte seines »transcendentalen«, »formalen« oder »kritischen« Idealismus aus zu diesen beiden mit gleicher Stringenz beweisbaren Sätzen, nämlich zur Thesis und Antithesis, verhält und den Widerspruch zu lösen versucht. Es kann durchaus nicht gleichgültig sein, wie dies geschieht; denn »auf der Seite der Thesis zeigt sich«, wie Kant sagt, »ein gewisses praktisches Interesse, woran jeder Wohlgesinnte, wenn er sich auf seinen wahren Vortheil versteht, herzlich theilnimmt« (Kr. d. r. V., Bd. III, pg. 332); ja, es sei »überaus merkwürdig, dass auf diese transcendentale Idee der Freiheit sich der praktische Begriff derselben gründe, und dass jene in dieser das eigentliche Moment der Schwierigkeiten ausmache, welche die Frage über ihre Möglichkeit von jeher umgeben haben« (Kr. d. r. V., pg. 371); bei der Verneinung der Antithesis hinwiederum muss man auf die Erfahrungserkenntniss, überhaupt auf das Verständniss der Natur Verzicht leisten. Hätten z. B. Galileo Galilei, Kepler und andere Koryphäen der Wissenschaft an der ausnahmslosen Geltung des Causalitätsgesetzes gezweifelt und dieselbe nicht vielmehr stillschweigend bei ihren grossartigen Untersuchungen vorausgesetzt, so würden die Naturwissenschaften wahrscheinlich noch sehr im Argen liegen. Wird also die Antithesis verneint, so ist es um das Verständniss der Natur geschehen, wird dagegen die Freiheit geleugnet, dann hören wieder Moralität und Zurechnung auf, denn ohne Freiheit ist die Moral ganz unmöglich. Nur im Reiche der Freiheit kann die Sittlichkeit gedeihen; wo der blosse Naturmechanismus herrscht, da ist der Mensch nur eine Maschine — »l'homme machine« —, und die zarte Blume der Sittlichkeit hat keine geeignete Stätte. Daher kommt es, dass gewöhnlich auf die Seite der Freiheit, um mit Otto Kohl zu reden, edle Männer treten, »welche nach sittlichen Idealen selbst streben und andere zu streben veranlassen, welche ihr langes Leben hindurch, obwohl die Ideale immer ihren Händen entglitten, in diesem Ringen nicht müde geworden sind. Ihnen würde mit der Freiheit ihr höchstes Lebensziel und alles bisherige Mühen in den Staub getreten, ihnen würde das Leben nicht mehr lebenswerth erscheinen, wenn es ihnen feststände, dass sie von andern in Bewegung gesetzte Maschinen seien, mit der thörichten Einbildung: sie wären Selbstbeweger. Mit diesen zieht ein grosser Tross allerlei Volks, welcher der Religion und Moral aus Autoritätsglauben und Gewohnheit anhängt, und Zweifel und Nachdenken aus Bequemlichkeit oder Unvermögen nicht aufkommen lässt. Zu denselben gesellen sich aber auch Philosophen im Interesse ihrer Speculation; denn ihr Streben die Totalität der Erscheinungen, die ganze Welt, zu begreifen, wird erfüllt, indem durch die Freiheit ein Anhaltspunkt gegeben ist, von dem aus sie die ganze Kette der Erscheinungen fassen können, und ihre Erkenntnisse lassen sich in ein wohlumgrenztes sicheres Gebäude einschliessen. Vertreter dagegen der Antithesis sind ausser einer vulgären Zweifler- und Indifferentenschaar wenige, aber feste, kaltblütige Männer, welche ihr Alles einsetzen, um mit dem einfachen Verstande durchzudringen, soweit sie können. Sie haben kein dogmatisches Haus, von dem aus sie weit über Alles hinschauen könnten; obdachlos streben sie ohne Rast vorwärts, nur soweit trauend, als sie ihre Füsse tragen, aber auch immer auf dem sicheren Boden der

Erfahrung« [1]). Hieraus ersieht man leicht, welches eigentlich in letzter Instanz die Entscheidungsgründe sind und immer sein werden, um entweder für Thesis oder Antithesis Partei zu ergreifen, welchen Streit Kant als den Gegensatz des Epicureismus gegen den Platonismus bezeichnet. Er behauptet nämlich, die Thesen würden durch Plato und die Antithesen durch Epicur vertreten, (was übrigens durchaus nicht zu billigen ist, denn es dürfte kaum einen Philosophen, weder im classischen Alterthum noch in der Neuzeit, geben, der durchgängig nur auf Seiten der Thesen oder auch der Antithesen stände. Sogar der von Kant selbst angeführte Vertreter der Antithesen, Epicur, hält diesen Standpunkt streng genommen nicht ganz fest).

Dass hiernach der Streit zwischen den Vertretern der Willensfreiheit und denen der durchgängigen Naturnothwendigkeit zuweilen gar heftig und mit sichtbarer Wuth und Bitterkeit geführt wird, erscheint sehr begreiflich, wenn man bedenkt, um was es sich eigentlich hier handelt. Auf der einen Seite liegen ebenso werthvolle Güter als auf der anderen; auf der der Thesis nicht geringere als auf der der Antithesis. Daher kommt es der Menschheit sehr auf eine glückliche Lösung der Frage und womöglich auf eine Vereinigung und Aussöhnung der Freiheit mit dem Causalitätsgesetz an. Dass nun Kant dieses schwierige Problem lösen, gründlich und vollständig lösen will, daran ist nicht der mindeste Zweifel möglich; sagt er doch selbst: »Ich behaupte nun, dass die Transcendental-Philosophie unter allem speculativen Erkenntniss dieses Eigenthümliche habe, dass gar keine Frage, welche einen der reinen Vernunft gegebenen Gegenstand betrifft, für ebendieselbe menschliche Vernunft unauflöslich sei, und dass kein Vorschützen einer unvermeidlichen Unwissen-

---

1) Otto Kohl, I. Kant's Ansicht von der Freiheit des menschlichen Willens. Inaug.-Diss. Leipzig 1868, pg. 9 u. 10; vergl. zu dieser schönen, fasslichen Stelle Kant, Kr. d. r. V., pg. 330—338; ferner Kuno Fischer, Gesch. d. n. Philos., Bd. III, 3. Aufl., pg. 478—480.

heit und unergründlichen Tiefe der Aufgabe von der Verbindlichkeit freisprechen könne, sie gründlich und vollständig zu beantworten« (Kr. d. r. V., Bd. III, pg. 339). Unsere Frage gehört nun hierher; deshalb halten wir Kant beim Wort. Und in der That, der Streit kann weder auf dem gewöhnlichen dogmatischen, noch auch auf dem skeptischen Wege glücklich beigelegt werden. Auf dem dogmatischen nicht, weil sowohl Thesis als Antithesis durch gleich triftige, einleuchtende und unwiderlegliche Beweise dargethan werden können — »und die Vernunft sich also mit sich selbst entzweit sieht« (Proleg., Bd. IV, pg. 87); auf dem skeptischen nicht, weil der Skeptiker mehr nur auf das Endergebniss der beiden streitenden Parteien sieht, ohne sich viel den Kopf zu zerbrechen, wie dieses Resultat zu Stande gekommen ist. Er betrachtet die widerstreitenden, sich einander aufhebenden Ergebnisse, und nachdem er gefunden, dass die transcendentale Idee der Freiheit für den nothwendigen empirischen Begriff des immer weiter fortzusetzenden causalen Regressus zu klein und die Idee der blossen wirkenden Natur für unsere Begriffe wiederum zu gross ist, erklärt er sämmtliche Urtheile für blosse Hirngespinste und geht triumphirend hinweg (Kr. d. r. V., pg. 343—346). Erst der kritische Philosoph untersucht die Frage eingehend und erschöpfend. Er berücksichtigt nicht nur das Resultat, das Endergebniss, sondern bedenkt vor allem, auf welchem Wege und unter welchen Bedingungen es zu Stande kommen konnte. Indem er nun dies thut, durchschaut er das Problem in seiner ganzen Tiefe, ähnlich wie Isaac Newton den Mechanismus der Welturh, und findet, worin der Fehler, das $\pi\varrho\tilde{\omega}\tau o\nu$ $\psi\varepsilon\tilde{\iota}\delta o\varsigma$ liegt.

Die ganze Antinomie, sagt Kant, beruht auf dem dialectischen Argumente: »wenn das Bedingte gegeben ist, so ist auch die ganze Reihe aller Bedingungen desselben gegeben; nun sind uns Gegenstände der Sinne als bedingt gegeben, folglich auch die Reihe aller ihrer Bedingungen, also das Unbedingte.« Es ist unzweifelhaft gewiss, dass, wenn das Bedingte gegeben ist, uns eben dadurch ein Regressus in der Reihe aller Bedingungen zu demselben aufgegeben ist. Dieser Satz ist, wie Kant sagt, analytisch und erhebt sich über alle Furcht vor einer transcendentalen Kritik. Ist nun das Bedingte sowohl als seine Bedingung Ding an sich, so ist, falls das erste gegeben, auch die vollständige Reihe der Bedingungen, mithin auch das Unbedingte selbst gegeben; ist dagegen das Bedingte eine Erscheinung im Raume und der Zeit, d. i. durchaus von den Functionen des erkennenden Subjectes abhängig, so darf keineswegs auf die absolute Totalität der Reihe der Bedingungen geschlossen werden, denn mit der einen gegebenen Erscheinung sind noch lange nicht alle übrigen gegeben. Man darf nur von einer Erscheinung zur anderen, von einer Bedingung zur anderen allmählich weiter schreiten, aber nie kommen wir zu einem Abschluss, zu einer Totalität, nie zu dem Punkte, wo die Reihe von Erscheinungen, die nach Naturgesetzen läuft, von selbst anfangen würde, d. h. nie zu einer transcendentalen Freiheit. Alles ist durchgängig bestimmt, von einander abhängig und hat nur in Bezug auf das erkennende Subject Gültigkeit. Ohne Subject eben kein Object und ohne Object kein Subject. Wir nehmen alles nur vermittelst unserer intellectuellen Functionen wahr und können nur im Raume und der Zeit gegebene Gegenstände wirklicher oder möglicher Erfahrung erkennen. Demnach ist die Welt als Ganzes, als eine Totalität an sich seiender Dinge, uns nie gegeben. Diese Annahme ist aber gerade das πρῶτον ψεῦδος, der Fehler, woran alle vier Antinomien kranken; denn sämmtliche Thesen wie Antithesen gehen von der falschen und unstatthaften Voraussetzung aus, dass die Welt absolut real und uns als Ganzes gegeben und erkennbar sei. Wäre diese Voraussetzung richtig, nun dann würden allerdings auch alle Thesen und Antithesen Recht haben. Da nun diese Voraussetzung durchaus nicht stichhaltig ist und der Untersatz in dem obigen Schlusse de facto in einem ganz anderen Sinne als der Obersatz genommen wird, nämlich »in empirischer Bedeutung eines auf blosse Erscheinungen angewandten Verstandesbegriffs«, so haben wir es hier mit einer quaternio terminorum zu thun, und der gemachte Schluss ist weiter nichts als ein Paralogismus und zwar ein solcher, den man »sophisma figurae dictionis« nennt. Die Beweise sind demnach in Wirklichkeit durchaus nicht stichhaltig und die Urtheile genauer besehen nur scheinbar contradictorische Sätze; in Wahrheit befinden sie sich zu einander, wie Kant sagt, »in dialectischer Opposition« und können daher beide falsch sein, »weil einer dem andern nicht bloss widerspricht, sondern etwas mehr sagt, als zum Widerspruche erforderlich ist«.

Vor das Forum der Vernunftkritik gestellt haben die Antinomien also ihre Feuerprobe schlecht bestanden. Kant berichtigt sie nun und zwar so, dass die beiden ersten, die mathematischen, in ihren beiden Sätzen für falsch erklärt werden, weil sie über die Grössenbestimmungen der Welt handeln, während das Weltall doch nur ein transcendentales Object, eine Idee ist. Dagegen die beiden letzten oder dynamischen Antinomien können sehr wohl beide in ihren beiden Sätzen wahr sein, da die Falschheit der Voraussetzung eigentlich nur darin besteht, »dass, was vereinbar ist, als widersprechend vorgestellt wird« (Kr. d. r. V., Bd. III, pg. 347—356; Proleg., Bd. IV, pg. 87—90). In Bezug auf die Noumena oder Dinge an sich kann ja die Thesis vollkommen Geltung haben und in Bezug auf die Phaenomena oder Erscheinungen wiederum die Antithesis. Man braucht also bloss das, was die Thesis behauptet und die Antithesis für falsch erklärt, in verschiedener Bedeutung zu nehmen, und der Widerspruch hört auf. Dies thut denn auch Kant. Er löst die Antinomie an der Hand seines transcendentalen oder kritischen Idealismus, resp. durch seine Unterscheidung der Noumena und Phaenomena, oder, um die sehr bezeichnenden und characteristischen Worte Otto Liebmann's zu gebrauchen, dadurch, »dass er die in Raum und Zeit gegebenen und den Kategorien schlechthin unterworfenen

empirischen Gegenstände für blosse »Erscheinungen«
eines ausserräumlichen, ausserzeitlichen »Dinges an sich«
erklärt, da denn jeder Gegenstand als »Erscheinung«
vom Causalitätsgesetze bedingt, als Ding an sich aber
frei sein könnte« [1]). Ohne eine solche Unterscheidung
wäre die Frage, wie sie von Kant aufgestellt und aufgefasst wurde, kaum zu lösen gewesen; sagt er doch
selbst ausdrücklich: »Würden die Gegenstände der
Sinnenwelt für Dinge an sich selbst genommen, und die
Naturgesetze für Gesetze der Dinge an sich selbst, so
wäre der Widerspruch unvermeidlich. Ebenso, wenn
das Subject der Freiheit gleich den übrigen Gegenständen als blosse Erscheinung vorgestellt würde, so
könnte ebenfalls der Widerspruch nicht vermieden werden; denn es würde eben dasselbe von einerlei Gegenstande in derselben Bedeutung zugleich bejaht und verneint werden. Ist aber Naturnothwendigkeit bloss auf
Erscheinungen bezogen, und Freiheit bloss auf Dinge
an sich, so entspringt kein Widerspruch, wenn man
gleich beide Arten von Causalität annimmt oder zu-
giebt [2])«, d. h. eine bedingte oder sensible (causa phaenomenon) und eine unbedingte oder intelligible (causa
intelligibilis) Causalität (absolute Spontaneität). »Eine
solche intelligible Ursache aber wird in Ansehung ihrer
Causalität nicht durch Erscheinungen bestimmt, obzwar
ihre Wirkungen erscheinen und so durch andere Erscheinungen bestimmt werden können. Sie ist also
sammt ihrer Causalität ausser der Reihe; dagegen ihre
Wirkungen in der Reihe der empirischen Bedingungen
angetroffen werden« (Kr. d. r. V., Bd. III, pg. 373).
Die Dinge an sich sind frei, die »in Raum und Zeit gegebenen, den Kategorien schlechthin unterworfenen
Gegenstände«, die Kant für blosse Erscheinungen erklärt, hingegen durchgängig determinirt und dem Cau-

---

1) Ueber den individuellen Beweis für die Freiheit des Willens. Stuttgart 1866, pg. 58.
2) Proleg., § 53, pg. 91; vergl. Kr. d. r. V., pg. 23 und 372, ferner Kr. d. pr. V., pg. 6, 109 und 110.

salitätsgesetz unterworfen. In der Welt der Erscheinungen, dem »mundus sensibilis«, herrscht demnach die strenge Naturnothwendigkeit, und jede Begebenheit ist bedingt und von anderen abhängig, die wiederum von anderen abhängen und so fort in infinitum. »Die Richtigkeit jenes Grundsatzes von dem durchgängigen Zusammenhange aller Begebenheiten der Sinnenwelt nach unwandelbaren Naturgesetzen«, sagt Kant, »steht schon als ein Grundsatz der transcendentalen Analytik fest, und leidet keinen Abbruch« (Kr. d. r. V., pg. 373; vgl. ib. pg. 376). Daher ist es vergeblich, im »mundus sensibilis« die Freiheit zu suchen; sie hat hier keinen Platz, das alles beherrschende Causalgesetz lässt ihr hier keine Stätte offen; anders verhält es sich jedoch im Reiche der Noumena oder dem »mundus intelligibilis«, wo ihrer Annahme nichts im Wege steht oder sie doch wenigstens denkbar ist. Die Freiheit flüchtet sich also nach Kant aus der empirischen in eine ausserräumliche und ausserzeitliche, intelligible Welt, wie dies im Alterthum auch von Plato gelehrt wurde. Doch wollen wir hierauf jetzt nicht weiter eingehen, da wir später an einer anderen Stelle auf diese Aehnlichkeit noch zurückzukommen gedenken. Dem Gesagten zufolge hat der Prinz Wilh. Herm. v. Neuwied ganz Recht, wenn er bemerkt, dass Kant »die Idee der Freiheit im kosmologischen Sinne, oder was dasselbe heisse: die Idee einer selbst unbedingten Ursächlichkeit der nie abreissenden causalen Verknüpfung der Erscheinungen gegenüber, dadurch zu retten suche, dass er sie in eine Ideenwelt versetze, welche, ohne selbst der Erscheinungswelt anzugehören und von der letztern beeinflusst zu werden, doch auf das thatsächliche Geschehen in der sinnlich wahrnehmbaren Welt die entschiedenste Einwirkung ausübe«[1]).

Uebrigens ist es, wie ich hier hervorheben will, eine sonderbare Thatsache, die, wie es mir scheint, für die

---

[1]) Ein Ergebniss aus der Kritik der Kantischen Freiheitslehre (anonym). Leipzig 1861, F. A. Brockhaus, pg. 10.

Sache selbst kein günstiges Zeichen ist, dass fast alle Vertheidiger der Willensfreiheit nach K a n t sich damit beholfen haben, die Freiheit aus dieser uns empirisch gegebenen Welt in eine andere uns völlig fremde und ganz unerkennbare intelligible Welt zu verlegen. Was damit geholfen und erreicht wird, ist mir vollkommen unbegreiflich, und ebenso wenig kann ich mir von dieser intelligiblen Welt, dem vielgepriesenen »mundus intelligibilis«, wo die Freiheit thronen soll, eine Vorstellung machen. Sie ist und bleibt mir eine »terra incognita«, ein verschlossenes Buch mit sieben Siegeln. — Doch kehren wir nach dieser kleinen, nicht unnützen Abschweifung wiederum zur Sache selbst zurück. —

Natur und Freiheit schliessen sich also einander nicht aus, sie stehen einander nicht contradictorisch gegenüber oder, um mit unserem Philosophen selbst zu reden, »Natur und Freiheit bilden keine Disjunction«, sobald die eine auf Erscheinungen, die andere auf Dinge an sich bezogen wird. Sogar eine jede Wirkung kann »in Ansehung ihrer intelligiblen Ursache als frei, und doch zugleich in Ansehung der Erscheinungen als Erfolg aus denselben nach der Nothwendigkeit der Natur angesehen werden« (Kr. d. r. V., pg. 373). Denn man kann ja die Causalität irgend eines Wesens auf eine doppelte Art und Weise, oder, wie K a n t sagt, »auf zwei Seiten« betrachten, nämlich als »intelligibel nach ihrer Handlung, als eines Dinges an sich selbst, und als sensibel nach den Wirkungen derselben, als einer Erscheinung in der Sinnenwelt. Wir würden uns demnach von dem Vermögen eines solchen Subjectes einen empirischen, imgleichen auch einen intellectuellen Begriff seiner Causalität machen, welche bei einer und derselben Wirkung zusammen stattfinden« (Kr. d. r. V., pg. 374).

Eine jede Causalität aber muss selbstverständlich auf eine ihr eigenthümliche und besondere Art und Weise sich äussern und wirken, d. h. ihre Activität richtet sich nach einem bestimmten Gesetze, welches K a n t mit dem Namen »Character« bezeichnet. Demnach würden wir den zwei Causalitäten durch Natur und Freiheit entsprechend auch zwei Charactere zu unterscheiden haben, nämlich einen empirischen und einen intelligiblen, die beide zugleich einem jeden Subjecte der Sinnenwelt beigelegt werden müssten. »Man könnte auch den ersteren«, sagt Kant, »den Character eines solchen Dinges in der Erscheinung, den zweiten den Character des Dinges an sich selbst nennen.« Sie verhalten sich zu einander ebenso, wie die sensible Causalität zur intelligiblen oder wie Erscheinung zum Dinge an sich. Der empirische Character ist ja auch, wie Kant sagt, »bloss die Erscheinung des intelligiblen«. Es darf jedoch hier nicht ausser Acht gelassen werden, dass der intelligible Character keineswegs dem Menschen allein, sondern allen »Subjecten der Sinnenwelt« beizulegen ist. Sehr treffend sagt daher Kuno Fischer: »Man meine also ja nicht, dass etwa gewisse Erscheinungen nur empirische, gewisse andere dagegen (etwa die Menschen) auch intelligible Charactere wären, als ob dieser letztere eine besondere Auszeichnung, einen Classenunterschied der Erscheinungen enthielte und das Privilegium einer besonderen Gattung ausmachte ... Man würde mithin die ganze Frage verwirren und das kosmologische Problem nicht von fern verstanden haben, wenn man sich einbilden wollte, der intelligible Character sei die menschliche Freiheit« [1]). Ein jedes Subject der Sinnenwelt muss einen empirischen und zugleich auch einen intelligiblen Character haben. »Nach seinem empirischen Character würde also dieses Subject, als Erscheinung, allen Gesetzen der Bestimmung nach, der Causalverbindung unterworfen sein, und es wäre so fern nichts als ein Theil der Sinnenwelt, dessen Wirkungen, so wie jede andere Erscheinung, aus der Natur unausbleiblich abflössen. Nach dem intelligiblen Character desselben aber (ob wir zwar davon nichts, als bloss den allgemeinen Begriff desselben haben können)

---

[1] Geschichte der neueren Philosophie. Dritter Band, 3. Aufl., München 1882, pg. 496.

würde dasselbe Subject dennoch von allem Einflusse der Sinnlichkeit und Bestimmung durch Erscheinung frei gesprochen werden müssen, und da in ihm, so fern es Noumenon ist, nichts geschieht, keine Veränderung, welche dynamische Zeitbestimmung erheischt, mithin keine Verknüpfung mit Erscheinungen als Ursachen angetroffen wird, so würde dieses thätige Wesen so fern in seinen Handlungen von aller Naturnothwendigkeit, als die lediglich in der Sinnlichkeit angetroffen wird, unabhängig und frei sein. Man würde von ihm ganz richtig sagen, dass es seine Wirkungen in der Sinnenwelt von selbst anfange, ohne dass die Handlung in ihm selbst anfängt; und dieses würde gültig sein, ohne, dass die Wirkungen in der Sinnenwelt darum von selbst anfangen dürfen, weil sie in derselben jederzeit durch empirische Bedingungen in der vorigen Zeit, aber doch nur vermittelst des empirischen Characters (der bloss die Erscheinung des intelligiblen ist) vorher bestimmt und nur als eine Fortsetzung der Reihe der Naturursachen möglich sind. So würde denn Freiheit und Natur, jedes in seiner vollständigen Bedeutung, bei eben denselben Handlungen, nachdem man sie mit ihrer intelligiblen oder sensiblen Ursache vergleicht, zugleich und ohne allen Widerstreit angetroffen werden« (Kr. d. r. V., pg. 375 u. 376).

Diese Kantische Lehre vom empirischen und intelligiblen Character, diese Vereinigung beider Charactere in einem und demselben Subjecte ist sehr verschieden aufgenommen, sie ist sehr gelobt, aber auch sehr getadelt worden. So sagt z. B. Arthur Schopenhauer: »Diese Lehre Kant's vom Zusammenbestehen der Freiheit mit der Naturnothwendigkeit halte ich für die grösste aller Leistungen des menschlichen Tiefsinns. Sie, nebst der transcendentalen Aesthetik, sind die zwei grossen Diamanten in der Krone des Kantischen Ruhmes, der nie verhallen wird«[1]). Einen ganz anderen Ton schlägt dagegen Lic. Dr. Emil Hoehne

---

1) Die beiden Grundprobleme der Ethik. 2. Aufl., 1860, pg. 176.

an, indem er sagt: »Es ist ein leidiger Trost, wenn Kant lehrt: Freiheit und Naturnothwendigkeit in einer und derselben Handlung müssen sich nicht gerade widersprechen, sie könnten beide gleichzeitig und harmonisch sich geltend machen, obschon sie von verschiedenen Causalitäten ausgingen. Diese abstracte, rein dialectische Möglichkeit lässt praktisch und in concreto doch jeden rathlos und trostlos, der in sich den Widerspruch des intelligiblen und des empirischen Characters, des Sollens und Seins empfindet« [1]). Ich glaube, es ist nicht schwer einzusehen, weshalb dieser Ton angeschlagen wird, besonders wenn man sich dessen erinnert, was derselbe Autor kurz vorher sagt, »dass es ein Wahn des am abstracten Dualismus der Menschennatur starr festhaltenden Kant sei, dass der Mensch inmitten der empirischen Welt ausschliesslich bestimmt werde von der Natur: die Kulturgeschichte«, fährt er weiter fort, »ist die bündige Widerlegung dieses Wahnes; wie die Natur den Menschen, so bestimmt des Menschen Wille auch die Natur, und je länger desto mehr offenbart sich die fortschreitende Uebermacht des letzteren, den das Geschlecht und der Einzelne zur Geltung bringt; Kant's Anschauung passt nur auf die Urzeit der Völker, auf die erste Kindheit der Individuen, die als Phaenomena allerdings noch fast ausschliesslich im Banne der Natur stehen« [2]). Wenn man etwa diesen Auslassungen die ganz entgegengesetzte Ansicht von Dr. N. Kurt als Antwort entgegenstellen wollte, dass »die Geschichte in grossen Lettern jedem, der historisch zu lesen verstehe, zu erkennen gebe, dass der Mensch in seinem Denken und Empfinden durch unzählige Factoren determinirt sei« [3]), so wäre der heftige, nicht selten mit Ingrimm geführte Kampf zwischen dem Indeterminismus und Determinismus

---

1) Kant's Pelagianismus und Nomismus. Darstellung und Kritik. Leipzig 1881. Doerffling und Francke pag. 29.
2) ibid. pag. 28.
3) Willensfreiheit? Eine kritische Untersuchung für Gebildete aller Kreise. Leipzig 1890. Verl. v. Wilhelm Friedrich. pag. 32.

von neuem entbrannt. — Aber auch ganz abgesehen von derartigen Auslassungen muss die Hoehne'sche Auffassung der Kantischen Lehre vom intelligiblen und empirischen Character, resp. von der einer jeden Handlung zu Grunde liegenden doppelten Ursache, der »intelligiblen« und der »sensiblen«, für durchaus falsch erklärt werden. Ueberhaupt ist diese Lehre Kants sehr häufig total missverstanden und falsch aufgefasst worden, trotzdem Kant, wie ich bei der Darstellung zu zeigen versucht habe, dieselbe mit der ihm eigenen Klarheit und Schärfe deutlich genug auseinandergesetzt hat. So sagt z. B. auch der Prinz Wilh. Herm. v. Neuwied, der Verfasser der anonym erschienenen Schrift »Ein Ergebniss aus der Kritik der Kantischen Freiheitslehre« (Leipzig 1861, pag. 43), es dürfe nicht zugegeben werden, dass die Erscheinungen zweierlei verschiedenartige Ursachen haben sollen, deren jede in ihrer besondern Wirkungssphäre als ausreichende Ursache der Erscheinung in der Sinnenwelt anzusehen wäre. Zu diesen Vertretern von durchaus unkantischen Auffassungen der Sache gesellen sich noch eine ganze Menge anderer Beurtheiler, die den Sinn der Kantischen Lehre ebenfalls missverstehen, so vor allen J. H. von Kirchmann in seinen Erläuterungen zur Kritik der reinen Vernunft (pag. 77) und Eduard von Hartmann in seiner »Kritischen Grundlegung des transcendentalen Realismus« (Berlin 1875, pag. 75) Der letztere wittert hier sogar eine prästabilirte Harmonie, da doch die transcendentale Ursache durchaus in bestimmter Weise präformirt sein müsse, um stets mit der immanenten übereinstimmen zu können. Daher könne sie auch unmöglich einen Zustand sua sponte, von selbst anfangen, und damit sei die ganze Kantische Freiheitslehre widerlegt.

So aber verhält sich die Sache nun durchaus nicht, wie Lic. Dr. Emil Hoehne, Prinz Wilh. Herm. von Neuwied, J. H. v. Kirchmann, E. v. Hartmann und viele andere meinen. Kant legt keineswegs einer Wirkung zwei zureichende Ursachen zu

Grunde; das wäre doch eine zu starke Zumuthung für einen so grossen und scharfen Denker wie Kant; schon ein jeder Schulknabe weiss, dass es völlig widersinnig ist, für eine Wirkung zwei zureichende parallele Ursachen anzunehmen, da schon eine allein vollkommen genügt, um die Wirkung zu Stande zu bringen, und Kant, der Verfasser der Vernunftkritik und der »Allgemeinen Naturgeschichte und Theorie des Himmels« hätte nicht gewusst, dass wohl von mehreren Particularursachen, aber nie von zwei zureichenden Ursachen bei einer und derselben Wirkung gesprochen werden darf? So etwas aus Kant herauszulesen, ist doch zu viel Die Sache verhält sich vielmehr so, dass man es hierbei (wie aus meiner bisherigen Darstellung der Kantischen Freiheitslehre ersichtlich ist) in keinem Falle mit zwei zureichenden Ursachen einer Wirkung, sondern nur mit zwei verschiedenen Betrachtungsweisen zu thun hat (Kr. d. r. V. B. III. pag. 374). »Ist es denn aber auch nothwendig«, sagt Kant, »dass, wenn die Wirkungen Erscheinungen sind, die Causalität ihrer Ursache, die selbst auch Erscheinung ist, lediglich empirisch sein müsse? Und ist es nicht vielmehr möglich, dass, obgleich zu jeder Wirkung in der Erscheinung eine Verknüpfung mit ihrer Ursache nach Gesetzen der empirischen Causalität allerdings erfordert wird, dennoch diese empirische Causalität selbst, ohne ihren Zusammenhang mit den Naturursachen im mindesten zu unterbrechen, doch eine Wirkung einer nicht empirischen, sondern intelligiblen Causalität sein könne? d. i. einer, in Ansehung der Erscheinungen, ursprünglichen Handlung einer Ursache, die also in sofern nicht Erscheinung, sondern diesem Vermögen nach intelligibel ist, ob sie gleich übrigens gänzlich, als ein Glied der Naturkette, mit zu der Sinnenwelt gezählt werden muss« (Kr. d. r. V. p. 377). Die »empirische Causalität« ist ja selbst nur Wirkung einer »nicht empirischen«, intelligiblen Causalität, und der intelligible Character »die transcendentale Ursache« von dem empirischen Character, der wiederum als das »sinnliche Zeichen« jener transcendentalen Ursache bezeichnet wird; wie kann da also von zwei zureichenden Ursachen, die beide zugleich eine und dieselbe Wirkung hervorbrächten, gesprochen und auf diese Weise etwas aus Kant herausgelesen werden, was er weder gesagt noch gemeint haben kann? Kuno Fischer trifft daher den Nagel auf den Kopf, wenn er sagt: »Der empirische Character bewegt sich durchgängig auf dem Schauplatze der Zeit, der intelligible erscheint nie auf diesem Schauplatze. Mithin kann die mögliche Verbindung beider Charactere nur so gedacht werden, dass alles, was in dem Subjecte geschieht, die ganze Reihe seiner Handlungen als Begebenheiten in der Zeit lediglich Folgen des empirischen Characters sind, der die gemeinschaftliche und natürliche Ursache aller dieser Handlungen bildet, selbst aber in dem intelligiblen wurzelt und aus demselben entspringt. Auf diese Weise folgen alle Begebenheiten nur aus dem empirischen Character, Continuität und Text der Erfahrung werden in keinem Punkte unterbrochen und dem Naturgesetze auch nicht der kleinste Abbruch gethan. Wenn wir dem empirischen Character selbst den intelligiblen als zeitlose Ursache zu Grunde legen, so wird dadurch der Zeitlauf der Begebenheiten, also die Erfahrung, nicht gestört und jeder Widerstreit zwischen Natur und Freiheit vermieden«[1]).

Auch der Mensch ist eine von den Erscheinungen der Sinnenwelt und muss »demnach . . . einen empirischen Character haben, sowie alle anderen Naturdinge« (Kr. d. r. V. p. 378). Seinem empirischen Character nach steht er freilich unter dem Causalitätsgesetze und ist schlechthin determinirt. Aber der Mensch hat auch einen intelligiblen Character, und diesem gemäss ist er wiederum als frei zu denken. Durch den Verstand und die Vernunft, vornehmlich aber durch die letztere, die »ihre Gegenstände bloss nach Ideen erwägt und

---

1) Geschichte der neuern Philosophie B. III. 3. Aufl. München 1882. pag. 497 ff.

den Verstand darnach bestimmt«, ist er weit über die Sinnenwelt erhaben; denn »allein der Mensch, der die ganze Natur sonst lediglich nur durch Sinne kennt, erkennt sich selbst auch durch blosse Apperception (hier gebraucht also Kant das Wort »Erkennen« in einer anderen Bedeutung als sonst) und zwar in Handlungen und inneren Bestimmungen, die er garnicht zum Eindrucke der Sinne zählen kann, und ist sich selbst freilich einestheils Phaenomen, anderntheils aber, nämlich in Ansehung gewisser Vermögen« (scl. des Verstandes und der Vernunft) »ein bloss intelligibler Gegenstand, weil die Handlung desselben garnicht zur Receptivität der Sinnlichkeit gezählt werden kann« (Kr. d. r. V. p. 379). Dem Menschen wohnt also »ein Vermögen bei, sich unabhängig von der Nöthigung durch sinnliche Antriebe von selbst zu bestimmen« (Kr. d. r. V. p. 371). Denn während wir beim Thiere bloss eine Willkür (arbitrium brutum), die pathologisch (durch Bewegursachen der Sinnlichkeit) necessitirt ist, erkennen, besitzt der Mensch oder glaubt wenigstens ein arbitrium sensitivum, aber nicht brutum, sondern liberum (αἱ περὶ τὸ τέλος πράξεις, αἱ κατὰ προαίρεσιν καὶ ἑκούσιοι« Eth. Nic. III, 7; oder »ἡ ἐν τῷ λογιστικῷ βούλησις« De anima III, 9, 3) zu besitzen (Kr. d. r. V. pag. 371; vergl. ibid. Methodenlehre, pag. 530).

Hat die Vernunft nun Causalität? Dass sie Causalität habe, wir uns wenigstens eine dergleichen an ihr vorstellen, ist aus den Imperativen klar, welche wir in allem Praktischen den ausübenden Kräften als Regeln aufgeben (Kr. d. r. V. p. 379). »Dieses Sollen nun drückt«, wie Kant sagt, »eine mögliche Handlung aus, davon der Grund nichts Anderes, als ein blosser Begriff ist; . . . die Vernunft gibt nicht demjenigen Grunde, der empirisch gegeben ist, nach, und folgt nicht der Ordnung der Dinge, so wie sie sich in der Erscheinung darstellen, sondern macht sich mit völliger Spontaneität eine eigene Ordnung nach Ideen, in die sie die empirischen Bedingungen hineinpasst, und nach denen sie sogar Handlungen für nothwendig erklärt, die doch nicht geschehen sind und vielleicht nicht geschehen werden, von allen aber gleichwohl voraussetzt, dass die Vernunft in Beziehung auf sie Causalität haben könne« (Kr. d. r. V. p. 379 ff.). — Hat nun die Vernunft wirklich Causalität in Bezug auf die Erscheinungen, »so muss sie, so sehr sie auch **Vernunft** ist, **dennoch einen empirischen Character von sich zeigen**« — und »so hat denn jeder Mensch«, fährt Kant weiter fort, »**einen empirischen Character seiner Willkür**«[1]), welcher die empirische Ursache aller menschlichen Handlungen ist.» Weil dieser empirische Character selbst aus den Erscheinungen als Wirkung und aus der Regel derselben, welche Erfahrung an die Hand gibt, gezogen werden muss, so sind alle Handlungen des Menschen in der Erscheinung aus seinem empirischen Character und

---

1) Es muss bemerkt werden, dass Kant hier wiederum von seinem sonstigen Sprachgebrauche abweicht; die Vernunft, die auf dem theoretischen Gebiet als das Vermögen der Principien und auf dem praktischen als das der Principien des Handelns bezeichnet wird, wird hier der Willkür gleichgesetzt, indem der empirische Character bald ihr, bald der Willkür und bald wiederum ganz einfach dem Menschen beigelegt wird. Ueberhaupt muss gesagt werden, dass die Terminologie Kant's in seiner Freiheitslehre, um das Wort Erdmann's zu gebrauchen, zuweilen in der That »ganz barbarisch wird« (Grundr. d. Gesch. d. Philos. B. II. Berlin 1866, p. 340). So gebraucht er ab und zu die Begriffe: praktische Vernunft, reiner Wille, Willkür, Wille etc. in einer und derselben Bedeutung, als ob an ihrer Identität gar kein Zweifel sein könnte. In der Grundlegung zur Metaphysik der Sitten wird gewöhnlich die praktische Vernunft mit dem reinen Willen identificirt und dann abwechselnd, wie es sich gerade trifft, die Freiheit bald der Vernunft, bald dem Willen vindicirt; in den beiden Kritiken dagegen werden im Allgemeinen Willkür und Wille als gleichbedeutend aufgefasst und ihnen dann abwechselnd die Freiheit beigelegt. In einer Stelle der Metaphysik der Sitten (B. VII. p. 10) hingegen werden wiederum Wille und Willkür scharf von einander getrennt.

Diese Begriffsverwechselung erschwert, beiläufig bemerkt, ungemein das Studium und das richtige Verständniss der tiefsinnigen und schwierigen, zuweilen ganz dunklen und in mystisches Gewand gehüllten Kantischen Freiheitslehre.

den mitwirkenden anderen Ursachen nach der Ordnung der Natur bestimmt, und wenn wir alle Erscheinungen seiner Willkür bis auf den Grund erforschen könnten, so würde es keine einzige menschliche Handlung geben, die wir nicht mit Gewissheit vorhersagen und aus ihren vorhergehenden Bedingungen als nothwendig erkennen könnten. In Ansehung dieses empirischen Characters gibt es also keine Freiheit, und nach diesem können wir doch allein den Menschen betrachten, wenn wir lediglich beobachten, und wie es in der Anthropologie geschieht, von seinen Handlungen die bewegenden Ursachen physiologisch erforschen wollen« (Kr. d. r. V. p. 380). Wenn wir aber ebendieselben Handlungen in Beziehung auf die Vernunft als ein ausserräumliches, ausserzeitliches und gar keinen Bedingungen der Sinnlichkeit unterworfenes Vermögen erwägen, so müssen sie als frei bezeichnet werden. »Die Vernunft ist«, wie Kant sagt, »die beharrliche Bedingung aller willkürlichen Handlungen, unter denen der Mensch erscheint. Jede derselben ist im empirischen Character des Menschen vorherbestimmt, bevor sie noch geschieht. In Ansehung des intelligiblen Characters, wovon jener nur das sinnliche Schema ist, gilt kein Vorher oder Nachher, und jede Handlung unangesehen des Zeitverhältnisses, darin sie mit anderen Erscheinungen steht, ist die unmittelbare Wirkung des intelligiblen Characters der reinen Vernunft, welche mithin frei handelt, ohne in der Kette der Naturursachen durch äussere oder innere, aber der Zeit nach vorhergehende Gründe bestimmt zu sein, und diese ihre Freiheit kann man nicht allein negativ als Unabhängigkeit von empirischen Bedingungen ansehen (denn dadurch würde das Vernunftvermögen aufhören, eine Ursache der Erscheinungen zu sein), sondern auch positiv durch ein Vermögen bezeichnen, eine Reihe von Begebenheiten von selbst anzufangen, so dass in ihr selbst nichts anfängt, sondern sie, als unbedingte Bedingung jeder willkürlichen Handlung, über sich keiner der Zeit nach vorhergehende Bedingung verstattet, indessen dass doch ihre Wirkung in der

Reihe der Erscheinungen anfängt, aber darin niemals einen schlechthin ersten Anfang ausmachen kann« (Kr. d. r. V. p. 382 ff). — Die Freiheit besteht hiernach 1) in der Unabhängigkeit von empirischen Bedingungen und 2) in dem Vermögen, eine Reihe von Begebenheiten von selbst anzufangen. Jede Handlung, sie mag gut oder böse sein, ist die unmittelbare Wirkung des intelligiblen Characters der reinen Vernunft, die frei sein soll. Es kommt also hier bei der Freiheit nicht auf das Gute oder Böse an. Man kann sowohl das eine als das andere wollen und thun — und dennoch zugleich frei sein.

Alle Handlungen des Menschen, die sittlich guten wie die moralisch verwerflichen, gehen aus dem empirischen Character, der auch die »Sinnesart« genannt wird, und dem eingetretenen Motiv mit realer Nothwendigkeit hervor. »Sie sind nothwendig wie des Baumes Frucht, Sie kann der Zufall gaukelnd nicht verwandeln«. Aber der empirische Character selbst ist wiederum im intelligiblen Character, der »Denkungsart«, vollständig bestimmt (Kr. d. r. V. p. 381), ja, er ist, wie Kant sagt, »bloss die Erscheinung des intelligiblen« (Kr. d. r. V. p. 376) — und kann demnach nicht anders sein, wie er ist. Ebenso kann ein Mensch, mit dem bestimmten empirischen Character ausgestattet, den er nun einmal hat, durchaus nur so wollen und handeln, wie er gerade will und handelt. Daher werden auch ganz richtig die Handlungen dem intelligiblen Character beigelegt — und zwar sowohl die guten als auch die schlechten. Allerdings kennen wir den intelligiblen Character nicht; aber wie wir auf den empirischen Character aus unseren Handlungen schliessen und ihn nach diesen beurtheilen, ebenso können wir wohl auch von dem empirischen auf den intelligiblen Character schliessen und ihn dem empirischen analog denken, also als ein Wollen, als einen intelligiblen Willen auffassen, der allen unseren Handlungen zu Grunde liegt. Demnach wäre der intelligible Character der Kantischen Lehre zufolge als der freie Urheber sämmtlicher Handlungen, der guten wie schlechten, anzusehen und infolge dessen dürften nur ihm, diesem »ausserzeitlichen« und »ausserräumlichen« intelligiblen Character, in letzter Instanz alle Handlungen zugerechnet werden. »Wir können«, sagt der Verfasser der Vernunftkritik, »mit der Beurtheilung freier Handlungen in Ansehung ihrer Causalität nur bis an die intelligible Ursache, aber nicht über dieselbe hinauskommen; wir können erkennen (!), dass sie frei, d. i. von der Sinnlichkeit unabhängig bestimmt, und auf solche Art die sinnlich unbedingte Bedingung der Erscheinungen sein könne. Warum aber der intelligible Character gerade diese Erscheinungen und diesen empirischen Character unter vorliegenden Umständen gebe, das überschreitet alles Vermögen unserer Vernunft es zu beantworten, ja alle Befugniss derselben, nur zu fragen« (Kr. d. r. V. p. 384). Darauf ist keine Antwort möglich oder nur diese eine: »Ein anderer intelligibler Character würde einen anderen empirischen gegeben haben« (Kr. d. r. V. p. 384).

Nicht die Wirklichkeit der Freiheit, ja nicht einmal die Möglichkeit derselben hat Kant in der Kritik der reinen Vernunft nachweisen wollen, sondern bloss dies, dass Natur der Causalität aus Freiheit nicht widerstreite. »Das war das Einzige«, sagt er, »was wir leisten konnten und woran es uns auch einzig und allein gelegen war« (Kr. d. r. V. p. 385).

Die Freiheit ist nicht als wirklich, sondern als bloss denkbar erwiesen; denn denken kann man ja auch das, dessen Begriff ein bloss möglicher Gedanke ist, dem vielleicht kein Object correspondirt. Wollte man aber einen solchen Begriff zur objectiven Gültigkeit erheben und ihm eine reale, keine bloss logische Möglichkeit und Gewissheit verschaffen, so würde dazu etwas mehr erforderlich sein als blosse Widerspruchslosigkeit. »Dieses Mehrere aber«, bemerkt Kant, »braucht eben nicht in theoretischen Erkenntnissquellen gesucht zu werden« — und da konnte in der That auch nichts mehr gefunden und ausgemacht werden — »es kann

auch in praktischen liegen« (Kr. d. r. V. pag. 23). — Also:
»Auf theoretischem Feld ist weiter nichts mehr zu finden,
Aber der praktische Satz gilt doch: Du kannst, denn du sollst!«
Und so sind wir denn vermittelst dieses Schillerschen Epigrammes gleichsam wie auf einer Stufenleiter zur Kritik der praktischen Vernunft gelangt, worin Kant das Problem der Freiheit von neuem einer eingehenden Erörterung und Untersuchung unterwirft, aber im Wesentlichen nichts anderes bringt, als was schon in der Kritik der reinen Vernunft, wenigstens implicite, enthalten ist. Der Unterschied ist eigentlich nur der, dass in der Kritik der reinen Vernunft Kant die Lehre von der Freiheit, ausgehend von den Antinomien, als ein kosmologisches Problem behandelt, hier dagegen, ausgehend von den Thatsachen des sittlichen Bewusstseins, mit Rücksicht und Beziehung auf das Sittengesetz, welches da lautet: »Handle so, dass die Maxime deines Willens jederzeit zugleich als Princip einer allgemeinen Gesetzgebung gelten könne«, oder auch: »Handle so, dass du die Menschheit sowohl in deiner Person als in der Person eines jeden anderen jederzeit zugleich als Zweck, niemals bloss als Mittel brauchst«. Dieses Sittengesetz ist der vielgerühmte, aber auch viel perhorrescirte kategorische Imperativ, der für alle Vernunftwesen gilt und eben angiebt, »was geschehen soll, ob es gleich vielleicht nie geschieht« (Kr. d. r. V. pag. 530).

Durch die Aufstellung dieses Formalprincips hat Kant meiner Ueberzeugung nach Unsterbliches geleistet und der Menschheit einen grossen, köstlichen Schatz hinterlassen.

Da der kategorische Imperativ ohne Freiheit überhaupt unmöglich, bloss eine Chimäre sein würde, so setzt er die Freiheit unbedingt voraus, welche somit der Realgrund (ratio essendi) der Sittlichkeit, wie die letztere wiederum der Erkenntnissgrund (ratio cognoscendi) der ersteren ist. Wie nun alle Moralität auf der Freiheit beruht, so beruht die praktische Freiheit auf der transcendentalen. Darum sagt Kant, »dass, wenn man die Möglichkeit der Freiheit einer wirkenden Ursache einsähe, man auch nicht etwa bloss die Möglichkeit, sondern gar die Nothwendigkeit des moralischen Gesetzes, als obersten praktischen Gesetzes vernünftiger Wesen, denen man Freiheit der Causalität ihres Willens beilegt, einsehen würde; weil beide Begriffe so unzertrennlich verbunden sind, dass man praktische Freiheit auch durch Unabhängigkeit des Willens von jedem anderen, ausser allein dem moralischen Gesetze definiren könnte. Allein die Freiheit einer wirkenden Ursache, vornehmlich in der Sinnenwelt, kann ihrer Möglichkeit nach keineswegs eingesehen werden'; glücklich! wenn wir nur, dass kein Beweis ihrer Unmöglichkeit stattfindet, hinreichend versichert werden können, und nun durchs moralische Gesetz, welches dieselbe postulirt, genöthigt, eben dadurch auch berechtigt werden, sie anzunehmen« (Kr. d. pr. V. B. V. p. 98). »Die Freiheit«, sagt er weiter in der Recension von Schulz's Versuch einer Anleitung zur Sittenlehre etc. (B. IV. p. 138), »ist eine nothwendige praktische Voraussetzung und eine Idee, unter der allein ich die Gebote der Vernunft als gültig ansehen kann. Selbst der hartnäckigste Skeptiker gesteht, dass, wenn es zum Handeln kommt, alle sophistische Bedenklichkeiten wegen eines allgemein täuschenden Scheins wegfallen müssen. Ebenso muss der entschlossenste Fatalist, der es ist, so lange er sich der blossen Speculation ergibt, dennoch, sobald es ihm um Weisheit und Pflicht zu thun ist, jederzeit so handeln, als ob er frei wäre, — und diese Idee bringt auch wirklich die damit einstimmige That hervor und kann sie auch allein hervorbringen. Es ist schwer, den Menschen ganz abzulegen«.

Wie ist nun die Freiheit, für welche der kategorische Imperativ und das Gewissen sprechen, möglich, wenn das Causalitätsgesetz apodictische Gültigkeit hat, die Handlungen schlechthin determinirt sind und überhaupt alle Veränderungen im Universum mit eiserner Nothwendigkeit vor sich gehen?

»Wenn man sie (die Freiheit) noch retten will«, antwortet Kant, «so bleibt kein Weg übrig, als das Dasein eines Dinges, sofern es in der Zeit bestimmbar ist, folglich auch die Causalität nach dem Gesetze der Naturnothwendigkeit bloss der Erscheinung, die Freiheit aber ebendemselben Wesen, als Dinge an sich selbst, beizulegen« (Kr. d. pr. V. B. V. pag. 100). Er löst also das schwierige Problem auf ebendieselbe Art und Weise wie in der Kritik der reinen Vernunft, durch Unterscheidung zwischen Dingen an sich und Erscheinungen und vindicirt dann den ersteren Freiheit und den letzteren Naturnothwendigkeit.

Es erhebt sich jedoch eine neue Schwierigkeit, die gelöst werden muss, da sie, wie Kant sagt, »der Freiheit mit ihrem gänzlichen Untergange droht« (Kr. d. pr. V. p. 105). Das ist die Annahme: Gott als allgemeines Urwesen ist die Ursache der Existenz der Substanz, also haben die Handlungen der Menschen ihren bestimmenden Grund in demjenigen, was gänzlich ausser ihrer Gewalt ist. Sie selbst sind daher nur denkende Automaten mit der thörichten Einbildung, frei zu sein, während die letzte und höchste Ursache doch immer in einer fremden Hand liegt, und im Grunde ihre Freiheit um nichts besser ist, als die eines Bratenwenders. Dies würde auch zutreffen und die Freiheit nicht zu retten sein, meint Kant, »wenn die Handlungen des Menschen, sowie sie zu seinen Bestimmungen in der Zeit gehören, nicht blosse Bestimmungen desselben als Erscheinung, sondern als Dinges an sich selbst wären«. Nun ist aber die Existenz in der Zeit eine blosse sinnliche Vorstellung der denkenden Wesen in der Welt und geht sie daher als Dinge an sich selbst nichts an. Der Begriff der Schöpfung gehört nicht zu der sinnlichen Vorstellungsart der Existenz und zur Causalität, da die göttliche Schöpfung zeitlos sein muss, und kann daher nur auf Noumena bezogen werden. Ergo: Gott ist nicht Schöpfer der Phaenomena und mithin Ursache der Handlungen in der Sinnenwelt als Erscheinungen, sondern nur des Daseins der Wesen an sich, der Noumena, oder mit anderen Worten, die Schöpfung betrifft bloss die »intelligible« und nicht die »sensible« Existenz der Menschen, d. h. der Mensch als Ding an sich oder Noumenon ist allerdings von Gott hervorgebracht, aber keineswegs der Mensch als Erscheinung oder Phaenomenon. Mit demselben Rechte kann man auch sagen: Gott hat zwar den intelligiblen Character hervorgebracht, ganz gleich auf welche Art und Weise, aber nicht den empirischen. Ergo kann er auch nicht als Ursache der menschlichen Handlungen betrachtet werden.

Kant sucht also diese Schwierigkeiten durch seinen transcendentalen Idealismus zu beseitigen. Hat er aber das Erwünschte erreicht? Ich glaube kaum. Die Handlungen sind ja, wie Kant selbst immer und immer wieder hervorhebt, durchgängig determinirt und müssen nothwendig so ausfallen, wie sie eben ausfallen. Denn »was man sich auch in metaphysischer Absicht für einen Begriff von der Freiheit des Willens machen mag, so sind doch die Erscheinungen desselben, die menschlichen Handlungen, ebensowohl als jede andere Naturbegebenheit, nach allgemeinen Naturgesetzen bestimmt« (Idee zu einer allg. Gesch. etc. Bd. IV pag. 143). »Man kann also einräumen, dass, wenn es für uns möglich wäre, in eines Menschen Denkungsart, sowie sie sich durch innere sowohl, als äussere Handlungen zeigt, so tiefe Einsicht zu haben, dass jede, auch die mindeste Triebfeder dazu uns bekannt würde, imgleichen alle auf diese wirkenden äusseren Veranlassungen, man eines Menschen Verhalten auf die Zukunft mit Gewissheit, so wie eine Mond- oder Sonnenfinsterniss ausrechnen könnte« (Kr. d. pr. V. p. 103). Wenn man nun annimmt, dass Gott die Ursache oder meinetwegen der Schöpfer des intelligiblen Characters ist, so folgt mit Nothwendigkeit, dass er auch in letzter Instanz der Urheber oder die Ursache aller Handlungen, der guten wie bösen ist, denn sie sind nothwendige Wirkungen oder Folgen des empirischen Characters, welcher selbst wiederum in dem ausserräumlichen, ausserzeitlichen und beharrlichen intelligiblen Character wurzelt, von dem Erdmann treffend bemerkt, dass er »als der transcendentale Grund für alle Handlungen verantwortlich sei«, obgleich von ihm zwar nicht »die einzelne Handlung, wohl aber die ganze Reihe derselben, unser empirischer Character, abhänge, welchen wir in der Reue verurtheilen« [1]). Ist nun Gott die Ursache des intelligiblen Characters, so müssen auch ihm und nur ihm allein sämmtliche Handlungen zugerechnet werden. Die Freiheit ist somit vernichtet und die moralische Verantwortlichkeit aufgehoben. Ohne Freiheit eben keine Sittlichkeit. »Nur für ein Reich der Freiheit gibt es ein Sittengesetz« [2]). — Diese Consequenzen ergeben sich nothwendig. Kant hat demnach die Schwierigkeiten nicht beseitigt. Dies haben auch F. W. J. v. Schelling und Arthur Schopenhauer eingesehen und daher versucht, diese der Freiheit mit ihrem gänzlichen Untergange drohenden Schwierigkeiten zu beseitigen und zu überwinden; der erstere, indem er in seinen »Philosophischen Untersuchungen über das Wesen der menschlichen Freiheit« etc. (Sämmtl. Werke. 1. Abth. B. VII. Stuttgart und Augsburg 1860), die intelligiblen Dinge als Selbstoffenbarung in Gott bezeichnet, die nicht als eine unbedingt willkürliche, sondern als eine sittlich nothwendige That betrachtet werden müsse (pag. 402); die Freiheit derselben soll dann in dem Aussichselbsthandeln bestehen; Schopenhauer dagegen sucht die Freiheit dadurch zu retten, dass er die Dinge an sich durch Individualisation aus dem Universalwillen hervorgehen lässt. Dass auch damit nur wenig geholfen ist, braucht nicht näher erörtert zu werden. Woher weiss denn Schelling, dass dem

---

1) Dr. Joh. Ed. Erdmann, Grundriss der Geschichte der Philosophie. Philosophie der Neuzeit. Berlin 1866, p. 348.
2) M. Carriere, Modernisirung der zehn Gebote. Beilage zur Allgemeinen Zeitung in München. 14. Juni 1892. Beilage 137.

so ist, wie er behauptet? In der That »verräth Schelling eine intime Bekanntschaft« mit seinem Gott, »da er uns sogar dessen Entstehung beschreibt; nur ist zu bedauern, dass er mit keinem Worte erwähnt, wie er denn zu dieser Bekanntschaft gekommen sei«. So äussert sich Arthur Schopenhauer über Schelling und zwar mit Recht; nur scheint er vergessen zu haben, dass es jemandem einfallen könnte, ihn mit demselben Maasse zu messen, da auch er eine intime Bekanntschaft mit seinem Universalwillen verräth. Wie sind sie denn beide zu so intimen Bekanntschaften gekommen? Ich glaube, wir wissen es. Die Antwort auf diese Frage lautet: Sie beide haben die Kantischen Kategorien, vermittelst deren wir Gegenstände der Erfahrung oder möglicher Erfahrung erkennen können, missbraucht, und ihre vermeintlichen Bekanntschaften mit der Gottheit, resp. dem Universalwillen sind weiter nichts als lauter Illusionen. Sie haben in diesem Punkte Kanten nicht corrigirt, und so können wir wieder zu Kant zurückkehren.

Wir sahen, dass die menschlichen Handlungen unter Zeitbestimmungen stehen und mit realer Nothwendigkeit aus dem empirischen Character hervorgehen, der selbst wiederum eine Wirkung des freien intelligiblen Characters ist. Wie können nun die Handlungen bei durchgängiger Determination dem Menschen zugerechnet werden? »Wenn ich« z. B. »von einem Menschen, der einen Diebstahl verübt, sage: diese That sei nach dem Naturgesetze der Causalität aus den Bestimmungsgründen der vorhergehenden Zeit ein nothwendiger Erfolg, so war es unmöglich, dass sie hat unterbleiben können; wie kann denn die Beurtheilung nach dem moralischen Gesetze hierin eine Aenderung machen, und voraussetzen, dass sie doch habe unterlassen werden können, weil das Gesetz sagt, sie hätte unterlassen werden sollen, d. i. wie kann derjenige in demselben Zeitpunkte, in Absicht auf dieselbe Handlung, ganz frei heissen, in welchem, und in derselben

Absicht, er doch unter einer unvermeidlichen Naturnothwendigkeit steht?« (Kr. d. pr. V. p. 100).
»Nun ist aber«, wie Kant selbst behauptet, »nichts sittlich- (d. i. zurechnungsfähig-) böse, als was unsere eigene Schuld ist« (Rel. innerh. d. Gr. d. bl. V. Bd. VI, p. 125), und »was der Mensch im moralischen Sinne ist oder werden soll, gut oder böse, dazu muss er sich selbst machen oder gemacht haben. Beides muss eine Wirkung seiner freien Willkür sein, denn sonst könnte es ihm nicht zugerechnet werden, folglich er weder moralisch gut noch böse sein« (R. i. d. Gr. d. bl. V. p. 138). Da nun aber dem Menschen seine Thaten, trotzdem sie bedingt sind und mit eiserner Nothwendigkeit geschehen, nach Kant mit Recht zugerechnet werden und er für sie verantwortlich gemacht wird, so muss der Mensch sie auch irgend wie verschuldet haben. Dies ist denn auch Kants Meinung. Seinem empirischen Character nach ist der Mensch zwar determinirt, aber seinem intelligiblen Character nach vollkommen frei. Wie aber der intelligible Character den empirischen hervorbringt, konnte Kant in der Kritik der reinen Vernunft nicht erklären, ja, er gestand offen ein, dies nicht zu wissen. »Ein anderer intelligibler Character würde einen andern empirischen gegeben haben«, das war alles, was Kant dort sagen konnte; in der Kritik der praktischen Vernunft dagegen weiss er oder will wenigstens viel mehr wissen, hier will er nicht bei einer Frage stehen bleiben, sondern dieselbe auch beantworten, den gordischen Knoten zerhauen, das verschleierte Bild sehen, es koste, was es wolle, indem er vergisst, dass unser Wissen stets mit einer Frage oder dem Platonischen »θαυμάζειν« anhebt und wiederum mit einer Frage endigen muss. Doch lassen wir Kant selbst reden: »In diesem Betracht nun kann das vernünftige Wesen von einer jeden gesetzwidrigen Handlung, die es verübt, ob sie gleich, als Erscheinung, in dem Vergangenen hinreichend bestimmt und sofern unausbleiblich nothwendig ist, mit Recht sagen, dass er sie hätte unterlassen können; denn sie mit allem

Vergangenen, das sie bestimmt, gehört zu einem einzigen Phänomen seines Characters, den er sich selbst verschafft, und nach welchem er sich, als einer von aller Sinnlichkeit unabhängigen Ursache, die Causalität jener Erscheinungen selbst zurechnet«. Der Verfasser der Vernunftkritik versetzt demnach die Freiheit in eine vorzeitliche, intelligible That, in einen ausserzeitlichen Willensact, durch welchen der Mensch sich selbst das irdische Loos bestimmt. Woher weiss aber Kant, dass dem so ist? Hat er denn selbst nicht unzählige Male hervorgehoben, dass man bloss vermittelst der Functionen des Intellects Gegenstände der Erfahrung oder möglicher Erfahrung erkennen könne, und dass die reinen Verstandesbegriffe oder Kategorien bloss auf räumliche und zeitliche Objecte anwendbar seien? Hat er diese seine Lehre von den reinen Verstandesbegriffen vergessen oder sie bloss für andere und nicht auch für sich selbst geschrieben? Dies wäre dann ein analoger Fall, wie wir ihn bei Baco von Verulam finden, der wohl anderen gute Lehren zu ertheilen verstand, aber sobald er selbst seine Lehren praktisch anwenden wollte, nur gar zu bald in den von ihm bekämpften Scholastizismus zurückverfiel.
— An dieser ausserräumlichen, ausserzeitlichen intelligiblen That scheint mir denn auch die Kantische Freiheitslehre vollkommen Schiffbruch zu leiden. Nach ihr müsste ja der Mensch sich selbst nicht nur schaffen können, sondern in der That auch geschaffen haben, was doch gar zu absurd ist. Nicht nur an dieser einen Stelle in der Kritik der praktischen Vernunft, sondern auch in anderen Schriften, namentlich im ersten Stück der Religion innerhalb der Grenzen der blossen Vernunft, weiss uns Kant viel von einer solchen intelligiblen That, einem ausserzeitlichen Willensacte zu erzählen. So sagt er in der Religion i. d. Gr. d. bl. V. (p. 114): »Damit man sich aber nicht sofort am Ausdrucke Natur stosse, welcher, wenn er (wie gewöhnlich) das Gegentheil des Grundes der Handlungen aus Freiheit bedeuten sollte, mit den Prädicaten moralisch gut

oder böse in geradem Widerspruch stehen würde; so ist zu merken, dass hier unter der Natur des Menschen nur der subjective Grund des Gebrauchs seiner Freiheit überhaupt (unter objectiven moralischen Gesetzen), der vor aller in die Sinne fallenden That vorhergeht, verstanden werde; dieser Grund mag nun liegen, worin er wolle. Dieser subjective Grund muss aber immer wiederum selbst ein Actus der Freiheit sein (denn sonst könnte der Gebrauch oder Missbrauch der Willkür des Menschen in Ansehung des sittlichen Gesetzes ihm nicht zugerechnet werden, und das Gute oder Böse in ihm nicht moralisch heissen). Mithin kann in keinem die Willkür durch Neigung bestimmenden Objecte, in keinem Naturtriebe, sondern nur in einer Regel, die die Willkür sich selbst für den Gebrauch ihrer Freiheit macht, d. i. in einer Maxime der Grund des Bösen liegen ... Wenn wir also sagen: der Mensch ist von Natur gut, oder: er ist von Natur böse, so bedeutet dieses nur soviel, als: er enthält einen (uns unerforschlichen) ersten Grund der Annehmung guter oder der Annehmung böser (gesetzwidriger) Maximen; und zwar allgemein als Mensch, mithin so, dass er durch dieselbe zugleich den Character seiner Gattung ausdrückt«. Weiter erzählt uns Kant (ibid. pag. 119): »Die eine oder die andere Gesinnung als angeborne Beschaffenheit von Natur haben, bedeutet hier auch nicht, dass sie von dem Menschen, der sie hegt, garnicht erworben, d. i. er nicht Urheber sei; sondern, dass sie nur nicht in der Zeit erworben sei (dass er eines oder das andere von Jugend auf sei immerdar). Die Gesinnung, d. i. der erste objective Grund der Annehmung der Maximen, kann nur eine einzige sein, und geht allgemein auf den ganzen Gebrauch der Freiheit. Sie selbst aber muss auch durch freie Willkür angenommen worden sein, denn sonst könnte sie nicht zugerechnet werden«. Und ferner belehrt uns Kant, dass jene »intelligible That, die vor aller Erfahrung vorhergehe« (p. 133), »bloss durch Vernunft ohne alle Zeitbedingung erkennbar sei« (pag. 125; vergl. ibid. pag. 116, 135 und 136). Diese Lehre Kants ist später im Wesentlichen von Schelling und Arthur Schopenhauer angenommen und weiter auszubilden versucht worden; des letzteren Lehre hat dann wiederum Otto Liebmann[1]) eingehend geprüft und einer vernichtenden Kritik unterzogen. Otto Kohl dagegen fragt erstaunt: »Soll dieser (näml. Willensact) der einzige sein, nach welchem sich das ganze Loos des Menschen als Wesen an sich entscheidet? Das uns innewohnende Streben nach moralischer Vervollkommnung, nach Erreichung eines sittlichen Ideals lässt leicht vermuthen, dass dieses irdische Leben nur eine Prüfung des einmaligen Willensactes ist, nach dessen Beendigung dasselbe Wesen an sich neue Willensacte vornimmt und in neuen Erscheinungsleben durchführt, vor dessen Beginn es auch vielleicht schon in einem andern Leben sich offenbart hat. Es würde diese Seelenwanderung zu Kants Lehre von auf den Planeten wohnenden Wesen stimmen, so wie zu seinem Postulate der Unsterblichkeit der Seele, welche er aus dem Streben eines vernünftigen Willens nach Heiligkeit, d. i. nach vollständiger Angemessenheit des Willens zum moralischen Gesetz folgert«[2]). Es darf jedoch hier nicht vergessen und ausser Acht gelassen werden, dass diese Lehre Kants von dem ausserzeitlichen Willensacte und constanten Character mit gar mancher anderen Lehre durchaus nicht in Einklang zu bringen ist, so vor allem mit dem stolzgebietenden kategorischen Imperativ. Was hat denn der kategorische Imperativ, das Sittengesetz noch für eine Bedeutung, wenn die Handlungen nothwendige Wirkungen des empirischen Characters sind, der wiederum von dem intelligiblen abhängig ist, welcher sich durch einen Willensact so oder so entscheidet? Ist

---

1) Ueber den individuellen Beweis für die Freiheit des Willens. Stuttgart, C. Schober's Verl., 1866, pag. 59—101.
2) I. Kant's Ansicht von der Freiheit des menschlichen Willens. Inaug.-Diss. Leipzig 1868, pg. 23.

das Gewissen, auf welches Kant mit Recht ein so grosses Gewicht legt, nicht zum Schweigen verurtheilt, wenn es dem Menschen unmöglich ist, sich zu bessern, seine Kräfte zu entwickeln, seinen Character so oder anders zu gestalten, da doch sein Leben schon durch einen ausserzeitlichen Willensact, der in der Annahme von sittlich guten oder moralisch verwerflichen Maximen besteht, bestimmt ist? Der kategorische Imperativ hätte somit ganz seine Bedeutung verloren und das Schillersche Wort: »Es ist gewiss von einem sterblichen Menschen kein grösseres Wort noch gesprochen worden, als dieses Kantische, was zugleich der Inhalt seiner ganzen Philosophie ist: »bestimme dich aus dir selbst«[1]), wäre nur eine leere Phrase, ein Wort ohne Bedeutung und jeglichen Sinn.

Es drängt sich hier einem jeden von selbst die Frage auf, ob es wirklich die Meinung Kants sein kann, dass der Character des Menschen das ganze Leben hindurch unveränderlich bleibt, und dass durch jenen ausserzeitlichen Willensact der Mensch auf dieser Erde der Freiheit ganz beraubt ist. Ich bezweifle das, wenigstens hat Kant nicht immer die Meinung gehabt, welche Arthur Schopenhauer so pomphaft für die Kantische Ansicht ausgegeben, und worin er ungemein viele Gläubige gefunden hat. Ich berufe mich vor allem auf den kategorischen Imperativ, der meiner Ueberzeugung nach ganz deutlich gegen eine derartige Ansicht spricht. Der kategorische Imperativ und jene intelligible That, die mir als ein Nonsens erscheint, können nicht zusammen bestehen; eines muss dem anderen weichen; ohne Zweifel aber ist es die intelligible That, welche als ein blosses Luftgebilde dem kategorischen Imperativ weichen muss. Dass das Sittengesetz nach Kants Meinung unerschütterlich fest steht, wer wollte und könnte das leugnen? »Wäre dieses Gesetz«, sagt Kant, »nicht in uns gegeben, wir würden es als

---

1) Schillers Briefwechsel mit Körner. 2. Aufl. 1878. Herausg. von K. Goedeke.

ein solches durch keine Vernunft herausklügeln, oder der Willkür anschwatzen; und doch ist dieses Gesetz das einzige, was uns der Unabhängigkeit unserer Willkür von der Bestimmung durch alle andern Triebfedern (unserer Freiheit) und hiemit zugleich der Zurechnungsfähigkeit aller Handlungen bewusst macht« (R. i. d. Gr. d. bl. V. p. 120).

Der Mensch soll seine Pflicht thun, das Gewissen verurtheilt und straft ihn, wenn er das Pflichtgebot übertritt, folglich muss der Mensch auch im Stande sein und zwar in diesem Leben im Stande sein, dem Sittengesetze Folge zu leisten. Dass dies auch die Meinung Kants ist, wenigstens gewesen ist, als er folgende Zeilen niederschrieb, ist nicht zu bezweifeln. »Dem kategorischen Gebote der Sittlichkeit Genüge zu leisten, ist in Jedes Gewalt zu aller Zeit« (Kr. d. pr. V. B. V. p. 39). Diese Worte Kants dürften bei einer Betrachtung seiner Freiheitslehre nie unberücksichtigt gelassen werden. Aehnlich spricht er sich auch noch in anderen Schriften aus, so namentlich in der »Religion innerhalb der Grenzen der blossen Vernunft«. »Eine jede böse Handlung«, heisst es hier, »muss, wenn man den Vernunftursprung derselben sucht, so betrachtet werden, als ob der Mensch unmittelbar aus dem Stande der Unschuld in sie gerathen wäre« ... »wenn Jemand bis zu einer unmittelbar bevorstehenden freien Handlung auch noch so böse gewesen wäre (bis zur Gewohnheit als anderer Natur): so ist es nicht allein seine Pflicht gewesen, besser zu sein, sondern es ist jetzt noch seine Pflicht sich zu bessern; er muss es also auch können, und ist, wenn er es nicht thut, der Zurechnung in dem Augenblicke der Handlung ebenso fähig und unterworfen, als ob er, mit der natürlichen Anlage zum Guten (die von der Freiheit unzertrennlich ist) begabt, aus dem Stande der Unschuld zum Bösen übergeschritten wäre« (Rel. i. d. Gr. d. bl. V. pag. 135).

»Wie es nun möglich sei, dass ein natürlicher Weise böser Mensch sich selbst zum guten Menschen mache, das übersteigt alle unsere Begriffe; denn wie kann ein böser Baum gute Früchte bringen?«

Es sei ja auch ebenso wenig zu begreifen, wie ein ursprünglich guter Mensch ein Bösewicht werden könne. Aber »ungeachtet jenes Abfalls erschallt doch das Gebot: wir sollen bessere Menschen werden, unvermindert in unserer Seele; folglich müssen wir es auch können« (R. i. d. Gr. d. bl. V. pag. 139); »denn wenn das moralische Gesetz gebietet, wir sollen jetzt bessere Menschen sein; so folgt unumgänglich, wir müssen es auch können« (ibid. p. 145). — »Dass aber Jemand nicht bloss ein gesetzlich, sondern ein moralisch guter Mensch, d. i. tugendhaft nach dem intelligiblen Character (virtus noumenon) werde, welcher, wenn er etwas als Pflicht erkennt, keiner andern Triebfeder weiter bedarf, als dieser Vorstellung der Pflicht selbst, das kann nicht durch allmählige Reform, so lange die Grundlage der Maximen unlauter bleibt, sondern muss durch eine Revolution in der Gesinnung in Menschen bewirkt werden; und er kann ein neuer Mensch nur durch eine Art von Wiedergeburt, gleich als durch eine neue Schöpfung und **Aenderung des Herzens** werden. — Wenn der Mensch aber im Grunde seiner Maximen verderbt ist, wie ist es möglich, dass er durch eigene Kräfte diese Revolution zu Stande bringe und von selbst ein guter Mensch werde? Und doch gebietet die Pflicht es zu sein, sie gebietet uns aber nichts, als was uns thunlich ist. Dieses ist nicht anders zu vereinigen, als dass die Revolution für die Denkungsart, die allmähliche Reform aber für die Sinnesart (welche jener Hindernisse entgegenstellt) nothwendig und daher auch dem Menschen möglich sein muss. Das ist: wenn er den obersten Grund seiner Maximen, wodurch er ein böser Mensch war, durch eine einzige unwandelbare Entschliessung umkehrt (und hiemit einen neuen Menschen anzieht); so ist er sofern dem Prinzip und der Denkungsart nach, ein fürs Gute empfängliches Subject; aber nur in continuirlichem Wirken und Werden ein guter Mensch:

d. i. er kann hoffen, dass er bei einer solchen Reinigkeit des Prinzips, welches er sich zur obersten Maxime seiner Willkür genommen hat, und der Festigkeit desselben, sich auf dem guten (obwohl schmalen) Wege eines beständigen Fortschreitens vom Schlechten zum Besseren befinde« (Rel. i. d. Gr. d. bl. V. p. 141). – »Dem kategorischen Gebote der Sittlichkeit Genüge zu leisten, ist in Jedes Gewalt zu aller Zeit«.

Ich glaube, das ist deutlich genug gesprochen, um uns gegen die Annahme eines unveränderlichen Characters bei Kant wenigstens Bedenken einzuflössen.

Es wird dem Kantkundigen Leser vielleicht aufgefallen sein, dass ich bei meiner Darstellung und Betrachtung der Kantischen Freiheitslehre die »Grundlegung zur Metaphysik der Sitten« unberücksichtigt gelassen habe. Doch ist dies nicht ohne einen sehr triftigen Grund geschehen. Dr. Zange sagt in seiner gekrönten Preisschrift »Ueber das Fundament der Ethik«: »Ich muss nämlich gestehen, dass ich nach wiederholter Vergleichung aller einschlagenden Stellen, wie sie sich in den verschiedenen Schriften Kant's von der Kr. d. r. V. bis zur Religion i. d. Gr. d. bl. Vernunft zerstreut vorfinden, zu der Ueberzeugung gelangt bin, dass die Lehre von der Freiheit nicht überall ganz dieselbe ist, dass besonders die in der Grundlegung zur Metaphysik der Sitten entwickelte sich wesentlich von der in der Kritik der reinen Vernunft und den andern Schriften dargelegten unterscheidet« [1]). Dies ist durchaus zutreffend, und ein jeder, der sich eingehend mit der schwierigen, durchaus nicht immer consequent entwickelten Freiheitslehre bei Kant beschäftigt und nur einigermassen dieselbe erfasst hat, muss dieser Auffassung Dr. Zanges vollen Beifall zollen. Es ist thatsächlich ein grosses Verdienst Dr. Zanges, auf diesen

---

1) E. M. Fr. Zange, Ueber das Fundament der Ethik. Eine kritische Untersuchung über Kant's und Schopenhauer's Moralprinzip. Gekrönte Preisschrift. Leipzig 1872. Verl. v. Breitkopf u. Härtel. p. 118.

Unterschied besonders aufmerksam gemacht zu haben. Worin besteht nun der Unterschied zwischen der in der Grundlegung zur Metaphysik der Sitten und der in den übrigen Schriften Kants entwickelten Freiheitslehre? Meines Erachtens erstens darin, dass in der Grdlg. z. M. d. S. ein freier Wille und ein Wille unter sittlichen Gesetzen einerlei ist, folglich Freiheit und Sittlichkeit unzertrennlich mit einander verknüpft, ja identisch sind, daher frei und sittlich gut als einerlei aufzufassen ist, während in der Kritik der reinen Vernunft, der praktischen Vernunft, sowie in den anderen Schriften, wie ich zur Evidenz gezeigt zu haben mir schmeichle, die Freiheit in dem Vermögen, »eine Reihe von Begebenheiten schlechthin anzufangen«, resp. in der Fähigkeit der Annahme sowohl guter wie böser Maximen bestand; zweitens darin, dass in der Grdlg. z. M. d. S. die Freiheit der praktischen Vernunft oder dem reinen Willen, während sie in den beiden Kritiken dem Willen schlechthin und der Willkür beigelegt wird. Dagegen besteht hier wie dort die Freiheit in der Unabhängigkeit von fremden sie bestimmenden Ursachen und in der Causalität nach ihren eigenen unwandelbaren Gesetzen, die aber in der Grdlg. z. M. d. S. stets als sittliche aufgefasst werden. Doch lassen wir zum Beleg Kant selbst reden:

»Der Wille«, so beginnt er den dritten Abschnitt seiner Grundlegung z. M. d. Sitten, »ist eine Art von Causalität lebender Wesen, sofern sie vernünftig sind, und Freiheit würde diejenige Eigenschaft dieser Causalität sein, da sie unabhängig von fremden sie bestimmenden Ursachen wirkend sein kann . . . . . Diese Erklärung der Freiheit ist negativ, allein es fliesst aus ihr ein positiver Begriff derselben, der desto reichhaltiger und fruchtbarer ist. Da der Begriff einer Causalität den von den Gesetzen bei sich führt, nach welchen durch etwas, was wir Ursache nennen, etwas anderes, nämlich die Folge gesetzt werden muss; so ist die Freiheit, ob sie zwar nicht eine Eigenschaft des Willens nach Naturgesetzen ist, darum doch nicht gar gesetzlos, sondern muss vielmehr eine Causalität nach unwandelbaren Gesetzen, aber von besonderer Art sein; denn sonst wäre ein freier Wille ein Unding. Die Naturnothwendigkeit war eine Heteronomie der wirkenden Ursachen; denn jede Wirkung war nur nach dem Gesetze möglich, dass etwas Anderes die wirkende Ursache zur Causalität bestimmte; was kann denn die Freiheit des Willens sonst sein, als Autonomie d. i. die Eigenschaft des Willens, sich selbst ein Gesetz zu sein? Der Satz aber: der Wille ist in allen Handlungen sich selbst ein Gesetz, bezeichnet nur das Princip, nach keiner anderen Maxime zu handeln, als die sich selbst auch als ein allgemeines Gesetz zum Gegenstande haben kann. Dies ist aber gerade die Formel des kategorischen Imperativs und das Princip der Sittlichkeit; also ist ein freier Wille und ein Wille unter sittlichen Gesetzen einerlei« (Grdlg. z. M. d. S. B. IV. p. 294). —»Also: die Gesetze, nach welchen jene Causalität wirkt«, sagt Dr. Zange, »sind die sittlichen Gesetze und keine anderen. Hiermit stimmt auch der ganze dritte Abschnitt von Anfang bis zu Ende überein, indem sich diese Ansicht in jeder Zeile fast ausspricht« [1]).

Ich kann Dr. Zange auch hier nur beistimmen und das Gesagte ganz und gar unterschreiben. Da nun ein freier Wille und ein Wille unter sittlichen Gesetzen einerlei ist und »ein schlechterdings guter Wille derjenige, dessen Maxime jederzeit sich selbst, als allgemeines Gesetz betrachtet, in sich enthalten kann«, so ist ein freier Wille stets auch ein guter Wille und umgekehrt. »Ein jedes Wesen«, sagt Kant, »das nicht anders als unter der Idee der Freiheit handeln kann, ist eben darum, in praktischer Rücksicht, wirklich frei, d. i. es gelten für dasselbe alle Gesetze, die mit der Freiheit unzertrennlich verbunden sind, ebenso, als ob sein Wille auch an sich selbst, und in der

---

1) Ueber das Fundament der Ethik, etc. pag. 121.

theoretischen Philosophie gültig, für frei erklärt würde« (Grdlg. z. M. d. S. p. 296). »Als ein vernünftiges, mithin zur intelligiblen Welt gehöriges Wesen, kann der Mensch die Causalität seines eigenen Willens niemals anders, als unter der Idee der Freiheit denken; denn Unabhängigkeit von den bestimmenden Ursachen der Sinnenwelt (dergleichen die Vernunft jederzeit sich selbst beilegen muss) ist Freiheit. Mit der Idee der Freiheit ist nun der Begriff der Autonomie unzertrennlich verbunden, mit diesem aber das allgemeine Princip der Sittlichkeit, welches in der Idee allen Handlungen vernünftiger Wesen ebenso zum Grunde liegt, als Naturgesetz allen Erscheinungen« (Grdlg. z. M. d. S. p. 300); denn »Freiheit und eigene Gesetzgebung des Willens sind ja beides Autonomie, mithin Wechselbegriffe« (p. 298). »Dieses Sollen ist eigentlich ein Wollen, das unter der Bedingung für jedes vernünftige Wesen gilt, wenn die Vernunft bei ihm ohne Hindernisse praktisch wäre; für Wesen, die, wie wir, noch durch Sinnlichkeit, als Triebfedern anderer Art, afficirt werden, bei denen es nicht immer geschieht, was die Vernunft für sich allein thun würde, heisst jene Nothwendigkeit der Handlung nur ein Sollen, und die subjective Nothwendigkeit wird von der objectiven unterschieden« (ibid. 297). Der Mensch gehört ja zwei total verschiedenen Welten an, einer intelligiblen und einer sensiblen. Insofern er ein blosses Stück der Sinnenwelt ist, würden also seine Handlungen »gänzlich dem Naturgesetze der Begierden und Neigungen, mithin der Heteronomie der Natur gemäss genommen werden müssen«, d. h. als unfrei und moralisch verwerflich; insofern er dagegen ein Glied der Verstandeswelt ist, würden sie wiederum »dem Princip der Autonomie des reinen Willens vollkommen gemäss«, d. h. sittlich gut und zugleich frei sein.

Da nun alle Menschen sich dem Willen nach als frei denken, so entspringen aus diesem Bewusstsein »alle Urtheile über Handlungen als solche, die hätten

geschehen sollen, ob sie gleich nicht geschehen sind«
(ibid. 303). — Hier in der Grundlegung zur Metaphysik der Sitten
legt also Kant der praktischen Vernunft, dem Willen,
dem reinen Willen die Freiheit bei. Als ein drastisches
Gegenstück könnte hier jene sonderbare Stelle aus
seiner Metaphysik der Sitten angeführt werden, wo
er wiederum die Freiheit der Willkür vindicirt und
von dem Willen geradezu behauptet, dass er weder
frei noch unfrei genannt werden könne. Im Uebrigen
würde jene Stelle auch noch insofern von Interesse
und Wichtigkeit sein, als Kant auch dort die Freiheit
als ein Vermögen auffasst, nur das sittlich Gute und
in keinem Falle auch das moralisch Verwerfliche zu
wollen und zu Stande zu bringen. »Von dem Willen«,
sagt er, »gehen die Gesetze aus (der Wille ist hier der
praktischen Vernunft gleichgesetzt); von der Willkür
die Maximen (Wille und Willkür sind also als vollständig verschieden aufgefasst, während sie in der Kr.
d. r. und in d. Kr. d. pr. V. als identisch gebraucht
wurden). Die letztere ist im Menschen eine freie Willkür; der Wille, der auf nichts Anderes, als bloss auf
Gesetz geht, kann weder frei noch unfrei genannt werden, weil er nicht auf Handlungen, sondern unmittelbar auf die Gesetzgebung für die Maxime der Handlungen (also die praktische Vernunft selbst) geht, daher
auch schlechterdings nothwendig und selbst keiner
Nöthigung fähig ist. Nur die Willkür kann also frei
genannt werden. Die Freiheit der Willkür aber kann
nicht durch das Vermögen der Wahl, für oder wider
das Gesetz zu handeln, definirt werden; obzwar die
Willkür als Phaenomen davon in der Erfahrung häufige Beispiele gibt. Denn die Freiheit kennen wir nur
als negative Eigenschaft in uns, nämlich durch keine
sinnlichen Bestimmungsgründe zum Handeln genöthigt
zu werden. Als Noumen aber . . . können wir sie
theoretisch garnicht darstellen. Nur das können wir
wohl einsehen: dass, obgleich der Mensch als Sinnenwesen, der Erfahrung nach ein Vermögen zeigt, dem

Gesetze nicht allein gemäss, sondern auch zuwider zu wählen, dadurch doch nicht seine Freiheit als intelligiblen Wesens definirt werden könne; weil Erscheinungen kein übersinnliches Object (dergleichen doch die freie Willkür ist) verständlich machen können, und dass die Freiheit nimmermehr darin gesetzt werden kann, dass das vernünftige Subject auch eine wider seine (gesetzgebende) Vernunft streitende Wahl treffen kann; wenngleich die Erfahrung oft genug beweist, dass es geschieht (wovon wir doch die Möglichkeit nicht begreifen können) ... Die Freiheit, in Beziehung auf die innere Gesetzgebung der Vernunft, ist eigentlich allein ein Vermögen; die Möglichkeit von dieser abzuweichen, ein Unvermögen«. (B. VII. p. 23).

Unter Freiheit ist also hier die Richtung auf das sittlich Gute verstanden worden. Das vernünftige, freie Subject kann nie sua sponte das Unsittliche wollen. Das Böse rührt ja nur von der Willkür als Phaenomenon her, als ob die Phaenomena nach Kant etwas Selbständiges wären und nicht vielmehr auf etwas hinter ihnen Liegendes, Unerkennbares hindeuteten. Hat doch Kant selbst die uns in Raum und Zeit gegebenen und mittelst der reinen Verstandesbegriffe erkennbaren Gegenstände für blosse Phaenomena erklärt und zu Erscheinungen ausserräumlicher und ausserzeitlicher Dinge an sich degradirt! Wie kommt er hier eigentlich noch darauf, den Phaenomenen Selbständigkeit zuzuerkennen und sie sogar gegen die Noumena und zwar mit Erfolg sich auflehnen zu lassen? Wenn die praktische Vernunft oder der mit ihr als identisch aufgefasste reine Wille frei ist und nur das Gute wollen kann, woher denn das viele Böse? Als ein classisches Beispiel könnte der »ärgste Bösewicht« angeführt werden, der, wenn man ihm Beispiele der Redlichkeit in Absichten, der Standhaftigkeit in Befolgung guter Maximen, der Theilnehmung und des allgemeinen Wohlwollens (und noch dazu mit grossen Aufopferungen von Vortheilen und Gemächlichkeiten verbunden) vorlegt, den Wunsch hat, dass auch er so gesinnt sein möchte. »Er kann es aber«, fährt Kant fort, »nur wegen seiner Neigungen und Antriebe nicht wohl in sich zu Stande bringen; wobei er dennoch zugleich wünscht, von solchen ihm selbst lästigen Neigungen frei zu sein. Er beweiset hierdurch also, dass er mit einem Willen, der von Antrieben der Sinnlichkeit frei ist, sich in Gedanken in eine ganz andere Ordnung der Dinge versetze, als die seiner Begierden im Felde der Sinnlichkeit, weil er von jenem Wunsche keine Vergnügung der Begierden, mithin keinen für irgend eine seiner wirklichen oder sonst erdenklichen Neigungen befriedigenden Zustand, ... sondern nur einen grösseren inneren Werth seiner Person erwarten kann. Diese bessere Person glaubt er aber zu sein, wenn er sich in den Standpunkt eines Gliedes der Verstandeswelt versetzt, dazu die Idee der Freiheit, d. i. Unabhängigkeit von bestimmenden Ursachen der Sinnenwelt ihn unwillkürlich nöthigt, und in welchem er sich eines guten Willens bewusst ist, der für seinen bösen Willen, als Gliedes der Sinnenwelt, nach seinem eigenen Geständnisse das Gesetz ausmacht, dessen Ansehen er kennt, indem er es übertritt. Das moralische Sollen ist also eigenes nothwendiges Wollen als Gliedes einer intelligiblen Welt, und wird nur sofern von ihm als Sollen gedacht, als er sich zugleich wie ein Glied der Sinnenwelt betrachtet« (Grdlg. p. 302).

Der Bösewicht sieht also das Bessere und billigt es, er möchte auch ein neuer, besserer und sittlich guter Mensch werden, aber er kann es nicht, da er ja an die Scholle der Sinnlichkeit gebunden ist und sich nicht von ihr losreissen kann.

»Video meliora, proboque,
Deteriora sequor.«
(Ovid, Jason u. Medea).

Die ganze Kantische Freiheitslehre in der Grundlegung zur Metaphysik der Sitten scheint mir auf diesen berühmten classischen Ausspruch der Medea hinauszulaufen.

Es können und dürfen eigentlich nach dieser be-

sonders in der Grundlegung zur Metaphysik der Sitten
entwickelten Freiheitslehre, wie aus jeder Zeile und
fast jedem Worte so unzweideutig hervorgeht, nur die
sittlich guten Handlungen als frei angesehen und bezeichnet werden, aber keinesweges auch die moralisch
verwerflichen, die durchgängig bestimmt und determinirt, ja dem Menschen aufgedrungen sind. Dass der
freie Wille stets nur das sittlich Gute will, klingt zwar
sehr schön uns überall entgegen, wir hören und sehen
wohl diesen freien und guten Willen, aber vermissen
leider nur ein entsprechendes Können. Die Freiheit
und das moralisch Gute sind hier aufs engste mit einander verbunden und können nicht getrennt werden.
Wie ganz anders sieht jene Freiheit des intelligiblen
Characters aus, wo man sowohl das sittlich Gute, als
auch das moralisch Verwerfliche und Abscheuliche frei
wollen und thun kann. Sehr bezeichnend und charac-
teristisch ist daher, was Dr. Zange sagt: »Nach der
Lehre vom intelligiblen Character würde sich der
Bösewicht (der eben erwähnte Fall) erst recht eines
bösen Willens bewusst werden, wenn er sich in die
»Verstandeswelt« versetzt, und auch in der That nicht
als Glied der Sinnenwelt, sondern der Verstandeswelt
einen bösen Willen haben« [1]).

Da nun die freie Vernunft nach unwandelbaren
sittlichen Gesetzen beständig wirkt und nur das Gute
will und thut, so können consequenterweise dem Menschen auch nur die guten Handlungen zugerechnet
werden und in keinem Falle die unsittlichen, die alle,
von dem kleinsten Vergehen bis zur grössten Schand-
that, unfrei und dem Menschen aufgedrungen sind, und
denen als die eigentlich schuldige Ursache wer weiss
was, die unselbständigen Phaenomena vielleicht oder gar
irgend ein hinter ihnen verborgenes böses Intelligible
(das eigentlich schlauer und stärker wäre, als die Vernunft) zu Grunde liegt. Dass auch Kant selbst zuweilen geneigt ist, die unlauteren Handlungen von der

---

1) Ueber das Fundament der Ethik etc. pag. 122.

Sinnlichkeit abzuleiten, zeigt deutlich folgende den Prolegomenen zu einer jeden künftigen Metaphysik entlehnte Stelle, worin ebenfalls die Freiheit in der Unabhängigkeit von den sinnlichen Triebfedern gesucht, ja geradezu mit dem Guten identificirt wird. »Ich sage aber: das Naturgesetz bleibt, es mag nun das vernünftige Wesen aus Vernunft, mithin durch Freiheit Ursache der Wirkungen der Sinnenwelt sein, oder es mag diese auch nicht aus Vernunftgründen bestimmen. Denn ist das Erste, so geschieht die Handlung nach Maximen, deren Wirkung in der Erscheinung jederzeit beständigen Gesetzen gemäss sein wird; ist das Zweite und die Handlung geschieht nicht nach Principien der Vernunft, so ist sie den empirischen Gesetzen der Sinnlichkeit unterworfen, und in beiden Fällen hängen die Wirkungen nach beständigen Gesetzen zusammen; ..... Aber im ersten Falle ist Vernunft die Ursache dieser Naturgesetze und ist also frei, im zweiten Falle laufen die Wirkungen nach blossen Naturgesetzen der Sinnlichkeit, darum, weil die Vernunft keinen Einfluss auf sie ausübt« (B. IV. p. 93).

Wie ist das möglich?! Musste nicht etwa in der »Kritik der reinen Vernunft«, »die Vernunft, so sehr sie auch Vernunft ist, dennoch einen empirischen Character von sich zeigen«, der eigentlich nur eine Erscheinung des intelligiblen sein sollte? Und da die Handlungen nothwendige Wirkungen des empirischen Characters waren, als dessen transcendentaler Grund doch der intelligible anzusehen ist, so frage ich noch ein Mal, wie ist es möglich, dass die Handlungen gegen die reine, freie Vernunft, die ja, wie stets versichert wird, keinen fremden Einfluss erleiden soll, ausfallen können? Das scheint nicht mit rechten Dingen zuzugehen; doch ist der versteckte Fehler, der diese Confusion ermöglichte, nicht allzu schwer ausfindig zu machen. Er liegt zum Theil in der allzugrossen Licenz Kants in Betreff der Terminologie, zum Theil aber auch darin, dass Kant den Erscheinungen zuweilen mehr oder weniger Selbständigkeit einzuräumen geneigt ist. In jener Stelle in der »Kritik der reinen Vernunft« wurde die Vernunft als gleichbedeutend mit der Willkür oder dem Willen schlechthin gebraucht, hier dagegen bedeutet sie die praktische Vernunft oder den reinen Willen. Kurz und gut, wir müssen zuletzt das tragikomische Schauspiel erleben, dass das Intelligible bei Kant mit zwei wesentlich verschiedenen Freiheiten ausgestattet erscheint, von denen die eine, welche hauptsächlich in der Grundlegung zur Metaphysik der Sitten entwickelt ist, bloss das sittlich Gute will und wollen kann, die andere aber, welche in den beiden gen. Kritiken und einigen anderen Schriften dargelegt wird, sowohl das Gute als auch das Böse zu wollen vermag. Die eine besteht in der Unabhängigkeit von sinnlichen Triebfedern, die andere in dem Vermögen, eine Reihe von Begebenheiten von selbst anzufangen. Wie das sich etwa zusammenreimen lässt, das einzusehen, übersteigt in der That meinen und ich darf wohl auch schliessen jedes Anderen Verstand. So etwas mag vielleicht, obwohl man das auch nicht behaupten darf, für das ausserräumliche und ausserzeitliche intelligible Reich, dessen Existenz freilich noch sehr in Frage steht, zutreffend sein und in dem mundus intelligibilis vortrefflich stimmen, aber für die empirisch uns gegebene Welt passt das durchaus nicht und widerspricht aller gesunden Logik.

Damit wäre denn schon ein Verwerfungsurtheil über die Kantische Freiheitslehre gefällt, aber trotzdem wollen wir noch zu einer gedrängten und kurzen Beurtheilung derselben übergehen, denn sie verdient doch möglichst eingehend betrachtet und allseitig erwogen zu werden. Ein so eminenter und hervorragender Denker, wie Kant, ist ja, wie Otto Liebmann treffend bemerkt, noch »selbst im Irrthume bedeutend und belehrend«.

Die ganze Kantische Freiheitslehre basirt, wie wir gesehen haben, auf der Unterscheidung der Dinge an sich von den Erscheinungen. Die Noumena sind frei, die Phaenomena durchgängig bestimmt. Der Mensch als Noumenon oder als Ding an sich steht nicht unter der unerbittlichen Gewalt des Causalgesetzes, wohl aber als Phaenomenon oder Erscheinung. Seinem intelligiblen Character nach ist er frei, seinem empirischen Character nach, aus dem auf die Einwirkung der Motive alle menschlichen Handlungen mit Nothwendigkeit entspringen, ist er in vollem Sinne des Wortes determinirt. Er muss durchaus so wollen und handeln, wie er gerade will und handelt; denn der empirische Character, dessen transcendentaler Grund der intelligible ist, steht ja ebenso wie alle Erscheinungen unter dem Causalitätsgesetze. — Bei der Kritik erhebt sich hier nun vor Allem die Frage, wie es mit der Basis, der Grundlage der Kantischen Freiheitslehre beschaffen ist; steht diese nämlich nicht unerschütterlich fest, so muss das grossartige Gebäude der ganzen Freiheitslehre zusammenstürzen, und keine Kunst kann es vor dem verhängnisvollen Fall bewahren. Ich glaube diese Frage nun ganz entschieden dahin beantworten zu müssen, dass die Grundlage der Kantischen Freiheitslehre durchaus unsicher ist. Wie kommt Kant eigentlich dazu, »ausserräumlichen« und »ausserzeitlichen« Dingen an sich, von denen man nach seiner ausdrücklichen Lehre nichts wissen kann, noch Freiheit zu vindiciren?! Da wir nur mittelst der Functionen unseres Intellects Gegenstände der Erfahrung oder möglicher Erfahrung erkennen können und die Noumena oder Dinge an sich vollkommen ausserhalb unserer Erkenntnisssphäre, wer weiss wo, liegen, wie kann man da wissen, ob sie frei oder unfrei sind oder auch nur existiren? Ich wenigstens kann mir nur eine Existenz im Raume und in der Zeit vorstellen; aber vielleicht können die, welche solche ausserräumliche und ausserzeitliche Dinge an sich annehmen, sich auch eine Vorstellung von ihnen machen und erkennen, wie die Dinge an sich beschaffen sein mögen, ob sie frei oder unfrei sind etc. Meinem Erkenntnissvermögen dagegen ist und bleibt das ganze Reich der Dinge an sich, der mundus intelligibilis, vollständig verschlossen.

Dass auch Kant selbst gefühlt hat, dass mit der Annahme des Dinges an sich der Boden unter seinen Füssen zu schwanken anfängt, bezeugen die geradezu widersprechenden Aussagen über dieses räthselhafte Ding an sich. So sagt er z. B.,»der Begriff eines Noumenon ist problematisch, d. i. die Vorstellung eines Dinges, von dem wir weder sagen können, dass es möglich, noch dass es unmöglich sei, indem wir gar keine Art der Anschauung, als unsere sinnliche kennen, und keine Art der Begriffe, als die Kategorien, keine von beiden aber einem aussersinnlichen Gegenstande angemessen ist« (Kr. d. r. V. p. 240). Hier also kann Kant von den Dingen an sich weder die Möglichkeit noch die Unmöglichkeit behaupten und zwar aus dem einfachen Grunde, weil sein Erkenntnissvermögen solchen Dingen nicht angemessen ist, d. h. dieselben für ihn garnicht existiren. Dann aber scheint er zuweilen doch eine Erkenntniss von ihnen für möglich zu halten, indem er behauptet:»Dieses Etwas (nämlich Ding an sich) aber ist nicht ausgedehnt, nicht undurchdringlich, nicht zusammengesetzt, weil alle diese Prädicate nur die Sinnlichkeit und deren Anschauung angehen, sofern wir von dergleichen(uns übrigens unbekannten) Objecten afficirt werden« (Kr. d. r. V. pag. 592). Aber nach etwa neun Jahren scheint er diese Erkenntniss wieder verloren zu haben, wenn er in seiner Schrift »Ueber eine Entdeckung, nach der alle neue Kritik der reinen Vernunft durch eine ältere entbehrlich gemacht werden soll« sagt: »Ob das Uebersinnliche, was jener Erscheinung als Substrat unterliegt, als Ding an sich, auch zusammengesetzt oder einfach sei, davon kann Niemand im mindesten etwas wissen« (B. VI. pag. 26.); und wiederum in der Kritik der reinen Vernunft heisst es (pag. 234):»Was die Dinge an sich sein mögen, weiss ich nicht, und brauche es auch nicht zu wissen, weil mir doch niemals ein Ding anders, als in der Erscheinung vorkommen kann.«

Nach solchen Aeusserungen ist es wahrhaftig nicht auffällig, wenn es auch anderen mit diesen Dingen an sich ähnlich geht wie Kant und sie dieselben als ausser unserer Erkenntnisssphäre liegend und infolgedessen als für uns nicht existirend verwerfen, wie z. B. Ritter in seiner Geschichte der christlichen Philosophie und der Prinz Herm. von Neuwied in seiner Schrift »Ein Ergebniss aus der Kritik der Kantischen Freiheitslehre« (Leipzig 1861), worin er (pag. 49) Folgendes sagt: »Wir können . . . den Gedanken von einem Dinge an sich garnicht denken, welchen uns Kant zumuthet, wenigstens als Schranke unserer Erkenntniss zu begreifen. Wir sind gänzlich ausser Stande, die Wirklichkeit von etwas ausser dem Raume und der Zeit durch Verstandesthätigkeit zu erfassen, selbst wenn dieses Etwas als ein Begriff gelten soll, dessen Inhalt uns völlig unbekannt ist; denn nur unter der raumzeitlichen Bedingung haben wir überhaupt Verstandesbegriffe. Indem uns also Kant zumuthet, den Begriff des »Dinges an sich« zu fassen, und wäre es auch nur in negativer Bedeutung, als eines unbekannten Etwas, welches von allen Bedingungen befreit sein soll, welchen die Erscheinungswelt unterworfen ist, — verlangt er von uns, dass wir aufhören Menschen zu sein, und nimmt an, wir seien mit göttlicher Anschauungsweise ausgerüstet. Das Ding an sich ist ein unmöglicher Gedanke«.

Aber vor allem hat Otto Liebmann die Unzulänglichkeit des Dinges an sich durchschaut und es in seinem Jugendwerke »Kant und die Epigonen" als eine »Inconsequenz« in der Kantischen Philosophie bezeichnet und zur Evidenz nachgewiesen. »Diese unglückliche Inconsequenz,« sagt er, »welche bereits in den ersten Accorden des Kriticismus störend mitklingt, schwillt im weiteren Verlaufe bis zur schreienden, unerträglichen Dissonanz, so dass sie den an sich grossen, erhabenen Eindruck des Ganzen geradezu vernichtet . . . Während aus der transcendentalen Aesthetik und der von Kant selbst hervorgehobenen und oft wiederholten Thatsache, dass der theoretische Intellect nur innerhalb seiner Erkenntnissformen oder mittelst seiner Functionen erkennen darf, und irgend Etwas, was ausser diesen und unabhängig von ihnen existiren sollte, ihm gar nicht in den Sinn kommen kann, nothwendig folgt, dass wir etwas Ausserräumliches und Ausserzeitliches durchaus nicht vorzustellen oder gar zu denken vermögen, lässt sich Kant von vorn herein doch dazu herbei, ein solches, von den Erkenntnissformen emancipirtes, also irrationelles Object anzuerkennen, d. i. etwas vorzustellen, was nicht vorstellbar ist — ein hölzernes Eisen«[1]). Weiter sagt Otto Liebmann über dasselbe unerkennbare Ding an sich: »Was soll man sich unter einem Etwas vorstellen, das weder räumliche Ausdehnung hat, noch sich an irgend einem Orte befindet, weder eine Zeitlang dauert, noch vergangen, gegenwärtig oder zukünftig ist, das weder Eigenschaften, hat noch selbst Eigenschaft eines Andern ist, endlich weder Wirkung einer Ursache, noch Ursache einer Wirkung ist? Ein solches Ding ist nichts Anderes, als ein Messer ohne Klinge, dem das Heft fehlt. Es ist also nicht nur ein leerer, sondern überhaupt gar kein Begriff. — Hätte Kant nur einigermassen herzhaft diesen Pseudobegriff analysirt, anstatt immer scheu daran herumzutasten, so hätte er ihn wegwerfen müssen, wie wir hier gethan haben.«[2]) So Otto Liebmann, dem ich mich nach längerem Nachdenken und manchen Schwankungen in dieser Auffassung durchaus habe anschliessen müssen. Das Reich der Dinge an sich oder das »ausserräumliche« und »ausserzeitliche Intelligible« ist und bleibt uns verschlossen, eine »terra incognita«, die für unsere Erkenntniss vollkommen unzugänglich ist. Es hebe den undurchdringlichen Schleier von ihr, wer da mag und schwärme in dem mundus intelligibilis herum, wieviel er nur will und kann, mir

---

1) Kant und die Epigonen. Eine kritische Abhandlung. Stuttgart. Carl Schober. 1865. p. 26.
2) ibid. pag. 64.

genügt diese sinnlich wahrnehmbare Welt, und sie soll, wie uns Goethe im zweiten Theil seines »Faust« versichert, garnicht so stumm sein. Doch es heisse, erhebt Kuno Fischer seine gewichtige Stimme, die Fundamente der kritischen Philosophie erschüttern, sobald die Anerkennung der Dinge an sich und ihre Unterscheidung von den Erscheinungen entweder verneint werde oder auf unrichtige Art stattfinde. »Wenn die Realität der Dinge an sich«, fährt er weiter fort, »zwar bejaht, aber von den Erscheinungen nicht gehörig unterschieden wird, so entsteht jene Vermengung beider, die den Character und Grundirrthum der dogmatischen Philosophie ausmacht. Wenn es bloss Dinge an sich und keine Erscheinungen gäbe, so wäre alle Erkenntniss unmöglich. Wenn es bloss Erscheinungen und keine Dinge an sich gäbe, so wäre die Sinnenwelt, die wir vorstellen, ein Traum, den wir gemeinsam träumen, zwar ein zusammenhängendes, aber nur subjectives Gebilde ohne wirklichen Grund und Bestand«[1]).

Wenn die Sinnenwelt, die wir vorstellen, auch in der That ein Traum wäre, den wir gemeinsam träumen, wie könnte man wissen, dass dem so ist, weil es dann ausser ihm nichts geben würde, mit dem er verglichen werden könnte? Sagt doch Kant selbst: »Wenn das Weltall alles, was existirt, in sich fasst, so ist es auch sofern keinem andern Dinge, weder ähnlich noch unähnlich, weil es ausser ihm kein anderes Ding gibt, mit dem es könnte verglichen werden« (Kr. d. r. V. pag. 354). Treffend bemerkt daher Otto Liebmann: »selbst wenn .. die räumlich-zeitliche Welt nur »Erscheinung« wäre, so würde sie es für den Intellect nicht sein, da dieser schlechthin nicht fähig ist, die Welt in Raum und Zeit mit irgend etwas Anderem zu vergleichen, weil diese eben alles ist. Demnach darf sie nicht Erscheinung genannt werden«[2]).

---

1) Kritik der Kantischen Philosophie. Zweite Aufl. Heidelberg. 1892. p. 185.
2) Kant und die Epigonen. p. 27.

Die Grundlage der Kantischen Freiheitslehre ist also, soweit es mir hier zu meinem Zwecke rathsam erschien, untersucht und als hinfällig befunden worden. Ihre vermeintliche Stärke ist daher nur ein trügerischer Schein. Mit dem Dinge an sich fällt auch eo ipso der intelligible Character hinweg, da beide unzertrennlich mit einander verknüpft sind und das eine des anderen Schicksal theilen muss. Es ist auch kaum begreiflich, was Kant mit dem intelligiblen Character hat erreichen wollen; denn wenn er gedacht hat, die moralische Verantwortlichkeit auf diesem Wege sicher zu stellen, so ist hierzu wirklich ein starker Glaube nötig gewesen; aber es ist ja nun einmal so: quae volumus, credimus libenter. Wie, frage ich, kann überhaupt der Mensch für den intelligiblen Character verantwortlich gemacht werden? Nach Kant sind ja, wie wir gesehen haben, die menschlichen Handlungen nothwendige Wirkungen des empirischen Characters und der Motive. Da nun der empirische Character wiederum eine Wirkung oder gar Erscheinung des intelligiblen ist, so ist selbstverständlich auch der intelligible Character in letzter Instanz als der eigentliche und wahre Urheber aller Handlungen anzusehen und für sie verantwortlich zu machen; sie sind ihm und nur ihm allein zuzurechnen und in keinem Falle dem Menschen. »Die Feststellung der Identität der Person des Angeklagten mit der des Thäters«, hebt Otto Liebmann mit gutem Rechte hervor, »ist hier, wie überall, Bedingung der Verantwortlichkeit«[1]).

Und ist etwa der selbstbewusste Mensch identisch mit dem ausserräumlichen und ausserzeitlichen intelligiblen Character, dass er auch nur in einem irgendwie denkbaren Fall für den letzteren einstehen und die Verantwortlichkeit auf sich nehmen könnte? Ich glaube nicht. Der Mensch und der intelligible Character sind wesentlich ganz verschiedene Dinge, die absolut nichts

---

1) Ueber den individuellen Beweis für die Freiheit des Willens. Stuttgart. 1866. pag. 68.

mit einander gemein haben, der Mensch ein sinnlich wahrnehmbarer Gegenstand, ausgestattet mit Verstand und Vernunft, und der intelligible Character ein unerkennbares Etwas. Eher könnte der Mensch für alles in der Welt zur Verantwortung gezogen werden, als für die Thaten des intelligiblen Characters. Wie kann er für Handlungen verantwortlich gemacht werden, die ganz ohne sein Wissen, Wollen und Zuthun geschehen sind! Daher sagt auch Otto Liebmann: »Es ist eine offenbare Absurdität, dass der selbstbewusste Mensch nicht für die That, die er mit Wissen und Willen begeht, sondern für den Character, der zum guten Theil durch einen ihm selbst unbekannten Causalzusammenhang herbeigeführt ist, verantwortlich gemacht werden soll; oder gar noch für den »intelligiblen« von dem er garnichts wissen kann«[1]). Am allerwenigsten freilich dürfte der Mensch dann noch verantwortlich gemacht und zur Rechenschaft gezogen werden, wenn, wie Kant lehrt, das Leben des Menschen durch einen einzigen, ausserzeitlichen Willensact bestimmt und prädeterminirt sein würde. —

Aehnliche Lehren über die Willensfreiheit wie bei Kant finden wir, wie uns schon bekannt ist, im Alterthum bei Plato. Wie z. B. Plato im zehnten Buche seines »Staates« das menschliche Leben durch einen ausserzeitlichen Willensact bestimmt werden lässt, so entwickelt die gleiche Anschauung auch Kant in der »Kritik der praktischen Vernunft« und namentlich in der »Religion innerhalb der Grenzen der blossen Vernunft«; und wie ferner bei Plato im »Phaedros« das Geschick des sterblichen Menschen davon abhängig gemacht wird, ob und wieweit die Seele den unsterblichen, seligen Göttern nach den im »Empyreum« gelegenen Gefilden der Wahrheit ($\alpha\lambda\eta\vartheta\epsilon\iota\alpha$) nachfolgen will und kann, um das Gestaltlose, Farblose, das ewig Seiende, die Ideen zu schauen, so hängt bei Kant, hauptsächlich in der »Grundlegung zur Metaphysik der Sitten«, die

---

[1]) Ueber den individuellen Beweis etc. pag. 70.

Moralität des Menschen davon ab, in welchem Grade die praktische Vernunft oder der mit ihr als identisch aufgefasste reine Wille den sinnlichen Triebfedern Widerstand leisten kann. — Es ist in der That auffallend, dass auf diese beiden Analogien meines Wissens noch Niemand hingewiesen hat. Es würde keine müssige Aufgabe sein, wenn Jemand diese merkwürdigen Aehnlichkeiten einer eingehenden und gründlichen Untersuchung unterwerfen wollte. Es giebt allerdings einige Hindeutungen auf die Analogie zwischen dem intelligiblen Willensacte der Seele bei Plato und demjenigen bei Kant; aber es fehlt ganz und gar an Hinweisen auf jene Analogie, die zwischen der im »Phaedros« und der in der »Grundlegung zur Metaphysik der Sitten« entwickelten Freiheitslehre besteht. In Rücksicht auf die erste dieser beiden Analogien sagt z. B. Adolf Trendelenburg: »Die griechische Philosophie schliesst, wenn man von Epicur wegsieht, der mehr keck behauptet als gründlich beweist, mit einer doppelten Ansicht von der Nothwendigkeit und Freiheit in den menschlichen Dingen. Die eine Ansicht, welche von Plato stammt, will die Freiheit ausserzeitlich in einer intelligiblen That begreifen; die andere, welche Aristoteles vorbereitet hat, ist die Ansicht der Stoa, die in dem ursächlichen Zusammenhang des Weltganzen den Menschen durch seine Bestimmung frei hält und in der Ueberwindung der Affecte und der Einigung mit dem göttlichen Willen frei macht. Das Analogon zu dieser doppelten Ansicht findet sich auch in der neuern Philosophie, wenn man z. B. auf die eine Seite Kants und Schellings intelligible Freiheit und auf die andere Herbarts realistischen Determinismus stellt« [1]).

Durch derartige intelligible Thaten oder ausserzeitliche Willensacte ist allerdings weder die Freiheit bewiesen, noch die Moralität ermöglicht. Freilich bleibt

---

1) Historische Beiträge zur Philosophie. Zweiter Band. Berlin. 1855. pag. 185.

Kant bei dem einen Willensacte nicht stehen, sondern spricht noch ausserdem von Revolutionen in der Denkungsart, d. h. im intelligiblen Character; nun möchte ich aber wissen, wie überhaupt in dem ausserzeitlichen, intelligiblen Character, der doch nach der »Kritik der reinen Vernunft« beharrlich sein soll, Revolutionen vor sich gehen können. Kant ist hier die Antwort schuldig geblieben, und wer wollte und könnte sie auch geben?! Es ist garnicht einzusehen, wie ausserzeitliche Willensacte, Handlungen und gar Revolutionen möglich sein sollen, da ja eine jede Handlung unbedingt Raum und Zeit voraussetzt. Es bleibt auch in undurchdringliches Dunkel gehüllt, auf welche Art und Weise der intelligible Character auf den empirischen einwirken und ihn bestimmen soll, da der eine ausserzeitlich und der andere zeitlich ist. Dann will mir auch garnicht einleuchten, mit welchem Rechte denn eigentlich Kant die Dinge an sich und den intelligiblen Character für frei erklärt hat. Sind sie ihm denn bekannt? Er selbst hat doch eingestanden, von ihnen nichts zu wissen. Wenn es sich aber so verhält, wie kann er dann von einem ganz fremden, völlig unbekannten Ding behaupten, dass es frei sei? Wie kann er wissen, ob nicht vielleicht in dem »mundus intelligibilis« die Noumena ebenso auf einander einwirken und von einander abhängig sind, wie im »mundus sensibilis« die Phaenomena? Man kann die Sache drehen und betrachten, wie man nur will, immer kommt es darauf hinaus, dass man von ihr weder etwas weiss, noch etwas wissen kann; infolge dessen darf man aber auch nichts von ihr aussagen. Wo unser Wissen aufhört, »da können wir nur rathen und meinen« — aber haben kein Recht mehr, von irgend etwas zu behaupten, dass es so oder so sei. Demnach ist Dr. Friedrich Dittes in vollem Recht, wenn er sagt: »Denn sowenig Kant zulassen will, dass man in der Sinnenwelt Erklärungen mache aus Bedingungen jenseits der empirischen Reihe: sowenig kann zugegeben werden, dass seine transcendentale Freiheit aus der intelligiblen Welt herauskomme und irgend einen Einfluss auf die zeitliche Praxis des Menschen habe« [1]).

Kurz vorher sahen wir, dass es bei K a n t mit der moralischen Verantwortlichkeit ziemlich schlimm bestellt ist. Sie musste aufgegeben werden, weil der Mensch nur für das zur Rechenschaft gezogen werden darf, was er selbst vollbracht hat und als seine Thaten ansehen kann. Mit der Verantwortlichkeit fallen aber auch andere Thatsachen des sittlichen Bewusstseins hinweg, wie das Gewissen und die Reue. Wo keine Verantwortlichkeit, da auch kein Gewissen und keine Reue. Es wäre ja das schreiendste Unrecht, wenn das Gewissen und die Reue mich für Thaten, die garnicht die meinigen sind, martern und quälen wollten. Man kann nur das bereuen, was man selbst gethan hat. Und da die menschlichen Handlungen mit realer Nothwendigkeit aus dem empirischen Charakter und den einwirkenden Motiven entspringen, so verliert auch der kategorische Imperativ vollständig seine Bedeutung, da ja der empirische Charakter bloss eine Erscheinung des intelligiblen ist, welch' letzterer, wie wir gesehen haben, nur eine Chimäre war. »Ja das Sollen, wenn man bloss den Lauf der Natur vor Augen hat«, sagt K a n t selbst, »hat ganz und gar keine Bedeutung« (Kr. d. r. V. pag. 379), und was können wir noch anders als den Lauf der Natur vor Augen haben, da der intelligible Charakter ein Wort ohne Bedeutung ist! Zu einem in diesem Punkte ähnlichen Resultat ist auch S a m u e l B r a n d t gekommen, wenn er sagt: »K a n t unterscheidet sich im Wesentlichen nicht von den gewöhnlichen Deterministen. Denn während bei diesen der Mensch von Gott oder durch die Ordnung der Natur determinirt ist, ist er bei K a n t durch seinen intelligiblen Charakter determinirt. Freilich ist dadurch nur ein Theil der Verantwortlichkeit, des Gewissens, erklärt, denn die Unruhe nach einer bösen That und

---

[1] Ueber die sittliche Freiheit. Gekrönte Preisschrift. Zweite Aufl. Leipzig und Wien. 1892. p. 84.

die Reue beruht nicht bloss darauf, dass der Thäter die That sich selbst und nicht äusseren Bedingungen zuschreibt, sondern auch darauf, dass er voraussetzt, er hätte anders handeln können. Der kategorische Imperativ ist alsdann ohne besondere Bedeutung« [1]). — Mit dem Wegfall der Noumena und des intelligiblen Characters ist auch die Freiheit aufgehoben und vernichtet; und mit der Freiheit selbstverständlich auch die Moralität; denn ohne Freiheit keine Sittlichkeit. Wo Freiheit, da ist auch Moralität und wo Moralität, da auch Freiheit. Der ernste, streng moralische Kant hat also selbst durch seine intelligible Freiheit seine in vielen Beziehungen wahrhaft classische und mustergültige Ethik unmöglich gemacht. Sie schwebt in der Luft, weil ihr die Basis, die echte Grundlage, nämlich die Freiheit fehlt. Eine transcendentale oder richtiger gesagt transcendente Freiheit ist nur eine Fiction und kann weder der Moralität als Grundlage dienen, noch auch etwa für die Pädagogik den allergeringsten Nutzen haben, weshalb sie auch von dem kritischen Herbart verworfen ist. Mit ihr kann absolut nichts angefangen werden, weder in der Moral, noch in der Pädagogik, noch auch irgend wo sonst. Sie ist und bleibt nur eine Chimäre und weiter nichts. Wenn überhaupt die Freiheit irgend wo zu finden ist, so muss sie hier auf dieser Erde im Ringen und Kämpfen nach sittlichen Idealen gesucht und gefunden werden.

»Das Rechte, das Gute führt ewig Streit,
Nie wird der Feind ihm erliegen,
Und erstickst du ihn nicht in den Lüften frei,
Stets wächst ihm die Kraft auf der Erde neu« —
      (Schiller, Die Worte des Wahns)
und
»Es bildet ein Talent sich in der Stille,
Sich ein Charakter in dem Strom der Welt.«
      (Goethe, Tasso.)

---

[1] Kant's Lehre von der Freiheit. Leipzig. Inaug.-Diss. pag. 27.

Nach dem bisher Gesagten wird es wohl kaum noch nöthig sein zu versichern, dass ich die Kantische Freiheitslehre so wie sie vorliegt, durchaus nicht acceptiren kann, sondern entschieden verwerfen muss. Ich halte dieselbe zwar für eine sehr tiefsinnige und grossartige, aber durchaus verfehlte Speculation. Sie leistet nicht das, was geleistet werden sollte, und steht weder logisch unzweifelhaft fest, noch erklärt sie die Thatsachen des sittlichen Bewusstseins. Also, auch der grosse und staunenswerthe Kant hat uns in Bezug auf die schwierige und verwickelte Frage nach der Willensfreiheit nicht zur Gewissheit führen können, auch er hat nicht vermocht, diesen wahrhaft gordischen Knoten zu lösen, an welchem so viele grosse und eminente Denker Schiffbruch gelitten haben. Nun, und auch mir ist »dieses Räthsel zu spitzig« — ich wollte eben daher einen Philosophen fragen[1]), und zwar den grössten, aber auch er konnte mir nicht die Wahrheit sagen. Wer weiss, ob nicht vielleicht Otto Liebmann Recht hat, wenn er sagt: »Vielleicht ist Alles, was sich über das schwere Problem der Freiheit sagen lässt, schon gesagt. Wenn man dem strengen Determinismus, der sich nimmermehr auf empirisch-statistischem Wege nachweisen lässt, den aber alle scharfen und aufrichtigen Denker von Spinoza und Hobbes bis Kant mit einander gemein haben, die nicht wohl zu verweigernde Zustimmung gibt; wenn man ferner Kant's Lehre von der Vereinbarkeit einer transcendentalen Freiheit des intelligiblen Charakters mit durchgängiger causaler Determination aller Handlungen des empirischen Charakters nicht annehmbar findet; dann wird wohl das letzte Wort in der prägnanten, weiterer Erläuterung allerdings bedürftigen Formel bestehen: Willensfreiheit heisst das durch die beharrliche Identität des Ich ermöglichte, durch das Gefühl der moralischen Verantwortlichkeit uns aufgedrungene Bewusst-

---

1) Vergl. Schiller, Die Verschwörung des Fiesco zu Genua, dritter Aufzug, siebenter Auftritt.

sein, dass man unter ganz gleichen Umständen und auf Einwirkung ganz gleicher Motive dennoch (scilicet in verschiedenen Zeitpunkten seines Lebens) verschieden wollen und handeln kann, nicht gleichartig zu wollen und zu handeln genöthigt ist«. »Diese Formel ... steht nicht, wie der von allen strengeren Denkern längst preisgegebene Indeterminismus mit der Allgemeingültigkeit des Causalprincips in Widerspruch; worin eben ihre Berechtigung liegt«[1]). So Otto Liebmann. Jedenfalls klingt das plausibel, und es ist sehr wahrscheinlich, dass in dieser Liebmann'schen Richtung die einzig mögliche Lösung des schwierigen Problems der Willensfreiheit, an welchem Jahrtausende vergeblich gearbeitet haben, zu suchen ist. Ich wenigstens suche sie in dieser Richtung, ob jedoch mit Aussicht auf Erfolg, das liegt noch im Zeitenschoosse
.... ἤτοι μὲν ταῦτα θεῶν ἐν γούνασι κεῖται.

(Hom. Odyss. I, 267.)

---

[1] Zur Analysis der Wirklichkeit. 2. Aufl. Strassburg. 1880. pag. 663; vergl. hiermit Otto Liebmann, Ueber den individuellen Beweis etc.